AF592266

CATALOGUE

DE LA

BIBLIOTHÈQUE D'UN AMATEUR

OUVRAGES EN GRANDS PAPIERS,
PAPIER VÉLIN, DE HOLLANDE, WHATMAN, CHINE ET JAPON
OUVRAGES IMPRIMÉS SUR PAPIERS DE COULEUR
LIVRES ILLUSTRÉS DU XIXe SIÈCLE
AUTEURS CONTEMPORAINS EN PREMIÈRES ÉDITIONS

DONT LA VENTE AURA LIEU

LES 24, 25 ET 26 NOVEMBRE 1892

Hôtel Drouot, Salle n° 8

Par le ministère de Me MAURICE DELESTRE, commissaire-priseur,
27, rue Drouot
Assisté de MM. LECLERC et CORNUAU, libraires.

PARIS
LIBRAIRIE TECHENER
(H. LECLERC ET P. CORNUAU)
219, rue Saint-Honoré, au coin de la rue d'Alger.

1892

CHATEAUDUN IMPRIMERIE J. PIGELET

CATALOGUE

DE LA

BIBLIOTHÈQUE D'UN AMATEUR

CONDITIONS DE LA VENTE

1° Il y aura, les jours de vente, de une heure à deux heures, exposition des livres composant la vacation.

2° Les livres vendus devront être collationnés sur place dans les vingt-quatre heures de l'adjudication. Passé ce délai, ou une fois sortis de la salle de vente, ils ne seront repris pour aucune cause.

3° Les acquéreurs paieront, en sus du prix d'adjudication, cinq centimes par franc, applicables aux frais.

NOTA. — MM. LECLERC et CORNUAU, libraires, chargés de la vente, rempliront les commissions qu'on voudra bien leur confier.

ORDRE DES VACATIONS

Première vacation. — Jeudi 24 novembre 1892 :

Nos 1 à 44. — Nos 46 à 170.

No 45.

Deuxième vacation. — Vendredi 25 novembre 1892 :

Nos 171 à 249. — Nos 252 à 342.

Nos 250 et 251.

Troisième vacation. — Samedi 26 novembre 1892 :

Nos 343 à 478.

Supplément.

Les livres reliés et cartonnés portent l'ex libris du vendeur.

Châteaudun, Imprimerie J. PIGELET.

CATALOGUE

DE LA

BIBLIOTHÈQUE D'UN AMATEUR

OUVRAGES EN GRANDS PAPIERS,
PAPIER VÉLIN, DE HOLLANDE, WHATMAN, CHINE ET JAPON
OUVRAGES IMPRIMÉS SUR PAPIERS DE COULEUR
LIVRES ILLUSTRÉS DU XIXe SIÈCLE
AUTEURS CONTEMPORAINS EN PREMIÈRES ÉDITIONS

DONT LA VENTE AURA LIEU

LES 24, 25 ET 26 NOVEMBRE 1892

Hôtel Drouot, Salle no 8

Par le ministère de Me MAURICE DELESTRE, commissaire-priseur,
27, rue Drouot
Assisté de MM. LECLERC et CORNUAU, libraires.

PARIS
LIBRAIRIE TECHENER
(H. LECLERC ET P. CORNUAU)
219, rue Saint-Honoré, au coin de la rue d'Alger.

1892

CATALOGUE

DE LA

BIBLIOTHÈQUE D'UN AMATEUR

(Reliures de Bozérian, Canape, Champs, David, Hardy, Lortic, Niédrée, Ottmann-Duplanil, Petit, Purgold, Ruban, Simier, Thouvenin, Trautz-Bauzonnet.)

1. ADAM, drame Anglo-Normand du XIIe siècle. Publié par Victor Luzarche. *Tours*, 1854. Grand in-8, br.

   Grand papier vélin bleu.

2. AICARD (Jean). Miette et Noré. *Paris, Charpentier*, 1880. Gr. in-8, br.

   Tiré à 220 exemplaires, tous sur papier de Hollande.

3. ALIONE (J.-G.). Poésies françoises de J.-G. Alione (d'Asti). *Paris, Silvestre*, 1836. In-8, dos et coins mar. orange, dos orné, n. rog. (*Bauzonnet*).

   Papier de Hollande : n° 9.

4. ALPHONSE (Pierre). Discipline de Clergie. Traduction de l'ouvrage de Pierre Alphonse. Le chastoiement d'un père à son fils. Traduction en vers français, etc.... Première et seconde partie. *Paris, Rignoux*, 1824. 2 vol. pet. in-8, mar. rouge à longs grains, dos orné et gauf., fil. et comp. dor., et à fr. sur les plats, dent. int., gardes de tabis bleu, tr. dor.

   Publié par la société des Bibliophiles français.

5. ANACRÉON et les Poèmes anacréontiques, texte grec avec les traductions et imitations des poètes du XVIe siècle, par A Delboulle. *Le Havre*, 1891. In-18, br.

   Papier Whatman.

6. ANALECTES du Bibliophile, directeur J. Gay. *Turin,* 1876. 3 vol., in-12, vélin blanc à recouv., titres calligraphiés en couleurs, tête rouge, n. rog.

7. ANCIEN THÉATRE FRANÇAIS. *Paris, P. Jannet,* 1854-57. 10 vol. in-16, cart. de l'éditeur, n. rog.

De la bibliothèque elzévirienne. Exemp. imprimé sur papier fort.

8. APULÉE. L'Ane d'or, traduction de Savalète. *Paris, Didot,* 1872. Fig. de Bénard et Racinet, gr. in-8, dos et coins mar. rouge, tête dor., n. rog.

Exemplaire du premier état avant les cartons des pages 38, 43 et 74.

9. APULÉE. L'Ane d'or. *Paris, Arnould, s. d.* In-16, fig. de P. Avril, cart., dos et coins vélin blanc, n. rog. *(Carayon).*

Grand papier vergé de Hollande : nº 22.
Figures en double épreuve, avant toute lettre, avec remarque, sur Japon et sur vélin teinté.
Couverture conservée.

10. ARIOSTE. Roland furieux, nouvelle traduction par M. A Mazuy. *Paris,* 1839. Port. et fig. de Baron, Français, K. Girardet, Meissonier, etc., 3 vol. in-8, dos et coins mar. rouge à longs grains, dos sans nerfs, orné, p. de titre en relief, t. dor., n. rog. *(rel. de Canape dans le goût de l'époque.)*

1 port. et 85 fig. sur Chine collé.
2 fig. ajoutées : « Joconde » et « Le Petit Chien », gr. par Pourvoyeur, d'après Colin, avant la lettre, sig. à la pointe.
Couvertures conservées.
Exemplaire lavé et encollé.

11. ASSE (Eugène). Lettres du XVIIe et du XVIIIe siècle. *Paris, Charpentier,* 1873-1881. 7 vol. in-18, cart., dos et coins toile grise, n. rog. (*Carayon*).

Papier de Hollande. — Collection complète.
1. Lettres portugaises avec les réponses. — Lettre de Mlle Aïssé. 1813. Port. gr. par Huyot, d'après Vexelberg. Port. sur papier glacé. 2. Lettres de Mlle de Lespinasse, 1876, fac-simile. Avec le supplément : « Mlle de Lespinasse et la marquise du Deffand, etc. » 1877. — 3. Lettres de la Mse du Chatelet, 1878. — 4. Lettres de Mme de Graffigny, 1879. — 5. Lettres de la Présidente Ferrand, 1880. — 6. Lettres de l'abbé Galiani, 1881, 2 vol.

12. AUBIGNÉ (Agrippa d'). Œuvres complètes, publiées pour la première fois, par E. Réaume et de Caussade. *Paris, Lemerre,* 1873-1892. Port. gr. par F. Massé, et fac-simile, 6 part. en 4 vol.

in-8, dos et coins mar. bleu, dos orné, fers azurés, fil., tête dor., n. rog. (*Champs*).

Grand papier de Hollande : n° 37.

13. AUGER. Mémoires, (1810-1859). *Paris, aux bureaux de la Revue rétrospective,* 1891. In-12, br.

14. AUGUIS (P. R). Les poètes françois depuis le XIIe siècle jusqu'à Malherbe. *Paris, Crapelet,* 1824. 6 vol. gr. in-8, demi-rel., veau fauve, dos orné, fil., n. rog. (*Thouvenin*).

Grand papier vélin : n° 28.

15. BAISER (Le). Étude littéraire et philosophique. *Paris,* 1888. *En vente chez L. Conquet,* gr. in-8, dos et coins mar. rose, dos orné, fleurettes, mosaïque de mar. bleu, tête dor., n. rog. (*Champs*).

Papier de Hollande : n° 83.
Doubles couvertures conservées.

16. BAFFO (Giorgio). Poésies complètes, littéralement traduites pour la première fois avec le texte en regard. *Imprimé à cent exemplaires pour Isidore Liseux et ses amis,* 1884. 4 vol. gr. in-8, br.

Portrait en double épreuve sur Japon et sur Hollande.

17. BALLON-POSTE (Le). Journal du siège de Paris. *Paris, aux bureaux de la publication, 19, rue des Martyrs,* 4 numéros in-folio et 18 numéros in-4.

Collection complète du 30 oct. 1870 (n° 1) au 29 janv. 1871 (n° 22), sur papier pelure d'oignon.
Avec le prospectus illustré et un placard annonce.

18. BALZAC (H. de). Physiologie du mariage. *Paris, Levavasseur,* 1830. 2 vol. in-8, dos et coins mar. bleu foncé à longs grains, dos sans nerfs orné, ébarbés. (*Rel. de Canape dans le goût de l'époque*).

Édition originale.
Portrait ajouté, gr. par R. de Los Rios, avant la lettre, sig. à la pointe, sur Hollande.

19. BARBOU (Alfred). Victor Hugo et son temps. *Paris, G. Charpentier,* 1881. Gr. in-8, br.

Papier de Hollande. Port., fig. et vignettes de Bayard, Clerget, etc. Dessins de Victor Hugo.

20. BARRIÈRE (F.). Tableaux de genre et d'histoire. *Paris, Ponthieu et Cie,* 1828. In-8, dem.-mar. bleu foncé à l. gr., dos orné, fil., larg. nerfs, n. rog. (*Purgold*).

Un des trois exemplaires sur papier rose.

21. BARTHÉLEMY (J.-J.) Voyage du jeune Anacharsis en Grèce, *Paris, Belin.* 7 vol. in-12, mar. Isabelle à longs grains, orn. dor. et à froid sur le dos et sur les plats, dent. int., tr. marbr. (*Thouvenin*).

Papier vélin. Reliure dans un état de conservation exceptionnel.

22. BARY (Émile). Les cahiers d'un rhétoricien de 1815. *Paris, Hachette et Cie*, 1890. In-18, pap. de Holl., dos long et coins mar. bleu à longs grains, tête dor., n. rog. (*Canape-Belz*).

Exemplaire n° 30.

23. BASCHET (Armand). Le Roi chez la Reine. *Paris, A Aubry*, 1864. In-8, dos et coins mar. amarante, dos orné, milieux mar. bleu, t. dor., n. rog. (*Champs*).

Papier vergé teinté. (Tiré à 3 exemplaires). Édition originale.
A la fin du volume, deux curieuses lettres autographes d'Armand Baschet adressées au libraire Aubry et à l'imprimeur Ducessois (28 et 31 mai 1864) et relatives à des difficultés survenues dans le règlement des comptes entre l'auteur, le libraire et l'imprimeur. La seconde n'est jamais parvenue à son adresse comme le prouve l'enveloppe gommée sur papier bleu encore intacte avec son timbre non oblitéré.

24. BASCHET et FEUILLET DE CONCHES. Les Femmes blondes selon les peintres de l'école de Venise, par deux vénitiens. *Paris, A. Aubry*, 1865. In-8, dos et coins mar. Lavallière clair, dos orné mosaïque de mar. bleu, tête dor., n. rog. (*Canape-Belz*).

Grand papier vergé. Couverture.

25. BATACCHI. Nouvelles littéralement traduites pour la première fois. *Imprimé aux frais du traducteur et se vend à Paris, chez Isidore Liseux*, 1880. 2 tom. en un vol. in-12, cart., dem.-rel. vélin blanc, n. rog. (*Carayon.*)

Imprimé à 225 exemplaires.

26. BAUDELAIRE (Ch.) Œuvres complètes. *Paris, Lemerre*, 1888-1892. 7 vol. in-18, port. gr. par Bracquemond d'après E. de Roy dos et coins, mar. rouge, dos orné à petits fers, t. dor., n. rog. (*Champs*).

Papier de Hollande, n° 17. Portrait en double épreuve avant la lettre noir et sanguine. Avec « Les Epaves », Alphonse Lemerre, 1890, à la fin du tome I.

27. BAZIN (A.) Notes historiques sur la vie de Molière ; deuxième édition. *Paris, Techener*, 1851. In-8, cart., dos et coins toile marron, n. rog. (*Carayon*).

Grand papier de Hollande.

28. BEAUVALLET et ****. Les Femmes de Paul de Kock. *Paris, s. d.* Fig. et vig. de Castelli Gerlier et Lix. In-4, dos et coins, chagrin poli, bleu foncé, dos orné, t. dor., n. rog. (*Champs*)

Papier Jonquille. Premier tirage, couverture conservée.

29. BEAUVAU (De). Souvenirs de la maréchale princesse de Beauvau, suivis des mémoires du maréchal prince de Beauvau. *Paris, Techener,* 1862. Gr. in-8, port. gr. par Hédouin, dos et coins bleu, dos orné à petits fers, mosaïque de mar. rouge, t. dor., n. rog. (*Champs*)

Grand papier de Hollande. Portraits en double état avant la lettre, signature à la pointe et avec la lettre.

30. BECQ DE FOUQUIÈRES. Œuvres choisies des poètes français du XVIe siècle. — Poésies choisies de Baïf. — Poésies choisies de Joachim du Bellay. *Paris, Charpentier,* 1874-80. 3 vol. in-18, port. br.

Papier de Hollande.

31. BECQ DE FOUQUIÈRES. Documents nouveaux sur André Chénier. *Paris, Charpentier,* 1875. In-18 pap. de Hollande, dos et coins toile bleue, non rog. — Lettres critiques sur la vie, les œuvres, les manuscrits d'André Chénier. *Paris, Charavay,* 1881. In-18, papier de Holl., toile fantaisie, non rog.

32. BELLEAU (Rémy). Œuvres complètes. *Nogent-le-Rotrou,* 1867. 3 vol. in-8, port., br.

Grand papier de Hollande. Portrait sur Chine monté.

33. BÉRALDI (Henri). Les Graveurs du XIXe siècle. *Paris, L. Conquet,* 1885-1891. 11 fascicules in-8, br.

Tout ce qui a paru. Frontispices.

34. BÉRALDI (Henri). Estampes et livres, 1872-1892. *Paris, Conquet,* 1892. Gr. in-8, dos et coins, mar. rouge, dos long, orné, entrelacs de filets, t. dor., n. rog. (*Ruban.*)

Tiré à très petit nombre et épuisé.

Frontispice et nombreuses planches de reliures en noir et en couleur.

35. BERGER DE XIVREY (Jules). Recherches sur les sources antiques de la littérature française. *Paris, Crapelet,* 1829. Gr. in-8, cart. bradel, papier gris, n. rog. (*anc. cart.*)

Grand papier de Hollande.

Avec cette inscription autographe paraphée de l'éditeur sur la doublure du cartonnage : « Il n'a été tiré que six exemplaires sur papier de Hollande. 29 janv. 1829. »

36. BERGERAT (Emile). Enguerrande, poème dramatique. *Paris, Frinzine, Klein et Cie*, 1884. In-4, port. gr. par H. Lefort, fig. de A. Rodin, dos et coins mar. rouge, tête dor., n. rog. (*Champs*).

Papier du Japon, nº 18. Couverture conservée.

37. BERNARD. Œuvres. *Paris, Jannet et Cotelle*, 1823. Gr. in-8, front. de Prud'hon, gr. par Roger, dem.-mar. rouge, dos orné, n. rog. (*Simier, r. du Roi*).

Grand papier vélin. Frontispice avant la lettre, signature à la pointe.

38. **BERNARDIN DE SAINT-PIERRE**. Paul et Virginie. *Paris, Liseux*, 1879. In-16, fig. et vig. de Lalauze, mar. rouge, dos orné, large encad. sur les plats, pet. fers et fil., dent. int., tête dor., les autres tr. dorées sur témoins (*Champs*).

Papier de Hollande, nº 40. Texte imprimé en vert, encadrements rouge et vert.

Figures en double état (6 épreuves) : avant la lettre en vert sur Wathman ; noir, bistre et sanguine sur Chine. — Avec la lettre sur Chine et sur Hollande ; tirage à part des 2 vignettes sur Hollande.

Figures ajoutées : 1º Portrait et 6 fig. d'Hédouin, gravés à l'eau-forte, avant toute lettre sur Chine (Lemerre) ; 2º 1 portrait et 5 figures de Laguillermie gravés à l'eau-forte avant la lettre sur Chine (Jouaust) ; 3º 5 figures d'E. Lévy, gravées à l'eau-forte par L. Flameng avant toute lettre sur Whatman (Jouaust). En tout : 2 port. et 54 figures.

Couverture conservée.

39. BERNAT-METGE. Le Songe de Bernat-Metge, publié et traduit par J.-M. Guardia. *Paris, Lemerre*, 1889. In-18, dos long et coins, mar. bleu à longs grains, tête dor., n. rog. (*Canape-Belz*).

Papier de Hollande.

40. BERNIS (Le cardinal de). Œuvres. *Paris, Delangle*, 1825. In-8, dos long et coins mar. bleu clair à longs grains, 5 fil., tr. dor., n. rog., imité de l'époque. (*Champs*).

Grand papier vélin.

Portrait en double état (quadruple épreuve) : avant l'encadrement sur Chine monté — avec la lettre sur papier bleu, sur papier chamois et sur Chine monté.

41. BERTIN. Œuvres complètes. *Paris, Roux-Dufort aîné*, 1824. In-8. Front. de Desenne, gr. par Blanchard, dem.-rel. mar. rouge, à longs grains, fil., n. rog. (*Simier, relieur du Roi*.)

Grand papier vélin. — Front. avant la lettre, sig. à la pointe.

42. BIBLIOTHÈQUE DES MÉMOIRES relatifs à l'Histoire de France. *Paris, librairie des Bibliophiles*, 1888-1891. 12 vol. in-16, br.

Papier de Hollande. — Collection complète : Mémoires de Choisy, 1888, 2 vol. — Mémoires d'Agrippa d'Aubigné, 1889. — Mémoires de Louvet de Couvrai, 1889, 2 vol. — Mémoires sur la Bastille, 1889. — Mémoires de Mme de La Fayette, 1890. — Mémoires de la Dsse de Brancas, 1890. — Mémoires de Marmontel, 1891, 3 vol. — Mémoires de Mme du Hausset, 1891.

43. BIBLIOTHÈQUE D'UN CURIEUX. *Paris, Lemerre,* 1871-1888. 10 vol. in-18, br.

Les dialogues de Tahureau, 1871. — Les Vaux-de-Vire de Jean Le Houx, 1875. — L'Élite des Contes du sieur d'Ouville, 1876. — Les Nouveaux Satires d'Angot l'Éperonnière, 1877. — Les Propos rustiques de Noël du Fail, 1878. — Les Comptes du Monde adventureux, 1878, 2 vol. — Œuvres poétiques de François de Maynard, 1885-88, 3 vol.

44. BOCCACE. Le Décaméron, traduction nouvelle par Francisque Reynard. *Paris, Charpentier,* 1879. 2 vol. in-18, dos et coins mar. lavallière clair, tête dor., n. rog. (*Champs*).

Papier de Hollande.

45. **BOCCACE**. Le Décaméron, traduction et notes de Francisque Reynard. *Librairie artistique, H. Launette et Cie*, 1890. Front. et fig. de J. Wagrez, gr. à l'eau-forte par Teyssonières, en-têtes et culs-de-lampe en photogravure, camaïeux. 3 vol. in-4, dos et coins mar. lavallière clair, dos orné mosaïque, comp. avec entrelacs de mar. grenat et bleu foncé, t. dor., n. rog. (*Ruban*).

Papier du Japon. Exemplaire tiré pour M. Henri Launette. Aquarelle de J. Wagrez au recto du faux-titre avec cette inscription autographe : « IIe journée. Nlle IX. Hommage bien sympathique, Jacques Wagrez. » Frontispices en triple état ; eau-forte pure avant la lettre avec remarque, avec la lettre.

Suite complémentaire de 20 figures en triple état comme ci-dessus.

Tirage à part des en-têtes, culs-de-lampe et fleurons de titre sans le texte, en bistre.

Fig., ajoutées : 1° Front. général et front. des 1re et 2e journées en photogravure (les seuls publiés) double épreuve : noir et bistre.

2° En-têtes de la 1re journée et de la Nouvelle IV avec des différences.

En tout, 333 planches hors texte. Le titre du tome I en double, avant le fleuron et avec le fleuron. Deux prospectus et pièces diverses ajoutés à la fin du tome III.

Couvertures illustrées et dos conservés.

46. BŒTTIGER (C.-A). Sabine, ou la matinée d'une dame romaine à sa toilette, traduit de l'allemand. *Paris, Maradan,* 1813. In-8, fig., dem.-chag. rouge, dos orné, tête dor., n rog.

47. BOILEAU. Œuvres. *Amsterdam, Changnion,* 1772. Front., fig. et vig. de B. Picard et N. Van der Meer, gr. par Vinkelès et Van

der Meer. 5 vol. gr. in-12, dem.-rel., veau fauve, dos orné, tête marb., n. rog. (*David*).

Fig. ajoutées : 1° 1 port. et 6 fig. de B. Picart, pour le Lutrin. gr. à nouveau par R. de Launay.

2° 1 Port. et 8 fig. de Choquet, gr. par Manceau, avant la lettre.

3° Port. gr. par Blanchard, d'après Desenne, avant la lettre. sig. à pointe.

48. BOILEAU. Œuvres poétiques. *Tours, Mame,* 1870. Gr. in-8, port. et vig. de Foulquier, br.

Papier vergé : n° 95. — Portrait avant la lettre, vig. sur Chine collé.

49. BOISJOURDAIN (De). Mélanges historiques, satiriques et anecdotiques. *Paris, Chèvre et Chanson,* 1807. 3 vol. pet. in-8, cart. dem.-toile bleue, ébarbés.

50. BONNASSIEUX (Pierre). Le château de Clagny et Madame de Montespan. *Paris, Alphonse Picard,* 1881. Pet. in-8, port., fig. et plans, cart., dos et coins vélin blanc, n. rog. (*Carayon*).

Papier vert d'eau. Les planches sur papier blanc.

51. BONNEAU (Alcide). Curiosa. *Paris, Liseux,* 1887. In-8, dem.-rel., mar. olive, larges mors., tête dor., n. rog. (*Champs*).

Papier de Hollande.

52. BOREL (Petrus). Madame Putiphar, seconde édition. *Paris, Willem,* 1877-1878. 2 vol. in-8, front. et vig., dos et coins mar. brun clair, dos orné mosaïque, tête dor., n. rog. (*Champs*).

Grand papier de Hollande.

Fig. ajoutées : 1° 8 fig. de M. Armajer gr. sur acier par Desmont, Legenisel, etc... en quadruple épreuve, sig. à la pointe; sanguine sur Chine, bleu sur Japon, bistre sur Whatman, noir sur Hollande.

2° La fig. du tome Ier, p. 144, triple épreuve du premier état avec les seins découverts : bistre et noir sur Chine, bistre sur Hollande.

3° Port. front. de Petrus Borel, eau-forte de Ulm, avant toute lettre, sur Chine.

4° Gr. à la pointe sèche, par Desboutins, avant la lettre.

5° Port. de J. Claretie, gr. à l'eau-forte, par Guillaumot fils, avant la lettre, sig. à la pointe, sur Chine.

6° Port. de Madame de Paradal, gr. sur cuivre, coupée au cadre, collée au verso de la dédicace.

7° Port. de Madame de Pompadour, par G. Staal.

8° Port. de Louis XV. gravé par Ethiou, tablette blanche avec la lettre blanche.

En tout, 6 port. et 35 fig.

Couvertures conservées.

53. BOREL. Trésor des recherches et antiquités gauloises. Nouvelle édition augmentée. *Niort, L. Favre,* 1882. 2 tom. en un vol. in-8, dos et coins mar. grenat, dos orné, tête marb., n. rog.

Papier vergé.

54. BOUCHARD (Jean-Jacques). Les Confessions. *Paris, Liseux,* 1881. In-8, dem.-rel., mar. lavallière, larges mors., tête dor., non rog. (*Champs*).

55. BOUCHÉ (J.). Gallet et le Caveau, 1698-1757. *Paris, Dentu,* 1884. Vig. de Cornu gr. par Michelet, texte encadré. 2 tom. en un vol. in-8, cart., étoffe fantaisie, n. rog. (*Carayon*)

Papier de Chine. Couvertures.

56. BOUHIER (Jean). Souvenirs. *Se vend chez tous les libraires bibliophiles, s. d.* — Argenson (René d'). Notes. *Imprimerie Emile Voitelain et Cie*, 1866. Ensemble 2 ouv. en un vol. in-18, cart., dem.-rel., vélin blanc, n. rog. (*Carayon*).

57. BOULMIER (Joseph). Villanelles. *Paris, Liseux,* 1878. In-18, dem.-rel., mar. rouge, tête dor., n. rog. (*Fock fils*).

58. BOURCARD (Gustave). Les Estampes du XVIIIe siècle, école française, guide-manuel de l'amateur, préface de Paul Eudel. *Paris, E. Dentu,* 1885. Gr. in-8, br.

Papier vergé à la cuve.

59. BRACH (Pierre de). Œuvres poétiques, *Paris, Aubry,* 1861. Port., fig. et fac-simile. 2 vol. in-4, dem.-rel., mi-partie de mar. vert et rouge, dos orné mosaïque, de l'un en l'autre, coins de mar. vert et rouge, tr. dor., n. rog. (*David*).

Exemplaire sur papier vélin de couleurs différentes : bleu, jaune, rouge, violet, chamois, vert, rose, etc.. etc., variant à chaque feuille. Lettres initiales rubriquées. Armoiries en couleurs. Prospectus ajouté.

60. BRANCAS (duchesse De). Mémoires sur Louis XV et Mme de Châteauroux. *Mil huit cent soixante-cinq.* In-24, cart., papier japonais, n. rog. (*Carayon*).

61. BRANTOME. Vie des Dames galantes. *Paris, Garnier, s. d.* In-18, Front. de G. Doré. cart. dos et coins toile amadou, n. rog. (*Carayon*).

Papier de Hollande, n° 34.

62. BROSSES (Charles de). Lettres familières écrites d'Italie. *Paris, Poulet-Malassis et de Broise,* 1858. 2 vol. in-12, demi-rel., mar. brun, tête dor., n. rog. (*Lortic*).

Papier de Hollande.
Ex-libris Poulet-Malassis.

63. BRUNET (J. Ch.). Recherches sur les éditions originales des cinq livres de Rabelais. *Paris, L. Potier,* 1852. In-8, demi-rel., chag. poli lavallière, tête d., n. rog. (*Champs*).

Grand papier de Hollande. Tiré à 5 exemplaires avec les « Additions au chapitre III », 8 p.

64. BUSSY-RABUTIN. Histoire amoureuse des Gaules, suivie des Romans historico-satiriques du XVIIe siècle. *Paris, P. Jannet et Daffis,* 1856-1876. 4 vol. in-16, cart. de l'éditeur, n. rog.

Papier fort. Exemplaire de la vente Léonide Leblanc.
De la « Bibliothèque elzévirienne. »

65. BYRON (Lord). Œuvres complètes. Sixième édition précédée d'un essai sur le génie et le caractère de Lord Byron par M. Amédée Pichot. *Paris, Ladvocat,* 1827-1830. 20 tom. en 10 vol. Port. et fig. de Westall et Devéria, gr. par A. Baquoy et Dequevauvillers, etc... Fleur. de titre d'Al. et Tony Johannot, demi-veau fauve, dos orné fleurons et fil., tête dor., n. rog.. (*Rel. de David dans le goût de l'époque.*)

Papier vélin. Portrait, figures et fleurons sur chine monté sur hollande.
Avec la traduction manuscrite sur feuillets volants des passages et strophes supprimés dans « Don Juan. »
Exemplaire lavé et encollé.

66. BYRON (Lord). Don Juan. Traduit en vers français. *Paris, Librairie centrale,* 1866. 2 vol. in-18, br.

Papier de Hollande.
Cette traduction a pour auteur Auguste Fauvel.

67. CAMPARDON (Emile). Les Prodigalités d'un Fermier Général. *Paris, Charavay frères,* 1882. In-8 Port. gr. par Boulard. Cart. de l'éditeur, n. rog.

Papier du Japon, n° 5.
Portrait en double épreuve : avant la lettre, noir et sanguine signature à la pointe.

68. CARNOT. Lettres secrètes et amoureuses de deux personnages célèbres de nos jours. *Paris,* 1817. 4 tom. en 2 volumes, in-18, dem.-rel. mar. bleu à longs grains, tête dor., n. rog. (*Rel. de Canape dans le goût de l'époque.*)

Réimpression sous ce titre des six premiers volumes du « Recuei de lettres de deux amants. Paris, an IX (1801), 9 vol. in-18 » qui n'avait été tiré qu'à 12 exemplaires.

Exemplaire lavé et encollé.

69. CASANOVA (J.). Mémoires de J. Casanova de Seingalt écrits par lui-même, édition originale. *Leipsic. F. A. Brockhaus. Paris, Ponthieu et Comp.* 1826-27. 4 vol. *Paris, Heideloff et Comp.* 1832. 4 vol. *Bruxelles*, 1838. 4 vol. en tout 12 vol., in-12, dos et coins mar. bleu foncé à l. gr., dos long orné, tête dor., n. r. *(Rel. de Ruban dans le goût de l'époque)*.

Véritable édition originale donnant un texte beaucoup plus complet que celui de l'édition Paulin (1833-37), 10 vol. in-8° qui, plus connue a bénéficié des promesses de son titre. Suite de 102 figures publiée par Barraud, ajoutée.

70. CASTELLAN. Lettres sur la Grèce, l'Hellespont et Constantinople. *Paris*, 1811. 2 parties en 1 vol., fig. et plans. — Lettres sur l'Italie. *Paris*, 1819, 3 vol., fig. Ensemble 4 vol. in-8, dos et coins mar. rouge, longs grains, dos orné, n. rog. *(Hering)*.

Papier vélin.

71. CASTI (l'abbé). Nouvelles galantes. Traduites pour la première fois. *Paris, Liseux*, 1880. In-12, cart., dem.-rel. vélin blanc, n. rog. *(Carayon)*.

Imprimé à 225 exemplaires.

72. CATALOGUE des livres de la bibliothèque de M. Eugène Paillet. *Paris, Morgand*, 1887. In-8, demi-rel. chag. rouge, larg. mors, t. dor., n. rog. (*Champs*).

Papier de Hollande.

Tirage à part sur ce papier avec le titre ci-dessus. pagination spéciale et nouveau numérotage du « Bulletin mensuel, n° 20 » de la librairie Damascène Morgand. Couverture.

73. CATS (Jacob). L'amour virginal ou le devoir des jeunes filles dans leurs chastes amours. Traduit du latin en français par Auguste Abadie. *Paris, Dentu*, 1886. In-4 br.

Papier vélin gris de Saint-Marcel-les-Annonay : n° 13.

74. CATULLE. Poésies. Traduction complète, suivies des Poésies de Gallus et de la Veillée des fêtes de Vénus. Par François Noël. *Paris*, 1806. Front. de Girodet gr. par Roger. 2 vol in-8. Dem.-veau fauve, fil., n. rog. (*Thouvenin*).

Papier vélin. Frontispice en double état, eau-forte et avant la lettre.

75. CATULLE. Les poésies. Traduction en vers par Eugène Rostand. Texte et commentaire par E. Benoist. *Paris, Hachette et Cie.*, 1882-1890. 2 vol. in-8 br.

76. CAYLUS. (Madame de). Souvenirs et correspondance. *Paris, Charpentier*, 1881. In-18, dem.-rel. chag. rouge, dos orné, t. dor. n. rog.

Papier de Hollande : nº 46.

77. CENT NOUVELLES NOUVELLES (Les). *Paris, Delahays*, 1858. In-18, dem.-mar. rouge, t. dor. n. rog. (*Champs*)

Grand papier vélin fort.

78. CERVANTÈS L'ingénieux Hidalgo Don Quichotte de la Marche traduit et annoté par Louis Viardot. *Paris, Dubochet*, 1836-37. 2 vol. gr. in-8. Front et fig. de Tony Johannot, dos et coins mar. citron, dos orné, mosaïque, t. dor., ébarbé.

Premier tirage. Frontispices sur chine.

79. CHANSON (La) DE ROLAND. Poème de Théroulde. *Paris, Imprimerie Nationale* 1850. In-8, fac-simile, dos et coins mar. grenat, dos orné, fers azurés, fil, t. dor. n. rog. (*Champs*).

A la fin du volume sont ajoutées les 4 brochures suivantes, résultat d'une polémique des plus acerbes entre l'éditeur et M. Paulin Paris :

1º Lettre à M. Paulin Paris. *Firmin Didot frères.* Potier, 1851 ; (39 pages) ; — 2º Lettre à un ami sur l'article de M. Paulin Paris. *Firmin Didot frères.* Potier, 1851 (51 pages) ; — 3º Commentaire sur la chanson de Roland, par M. Paulin Paris ; avec un post-scriptum. Premier article (p. 1 à 44) ; — 4º Commentaire, etc... Deuxième article (p. 45 à 66). Tirage à part de la Bibliothèque de l'École des Chartes.

Couvertures conservées.

80. CHATEAUBRIAND (de). Le Conservateur. *Paris*, 1818-1820. 6 vol. in-8, mar. vert à longs grains, dos orné, dent. et encad., sur les plats, dor. et à froid, tête dor. (*Simier*).

Exemplaire bien complet de 78 numéros, octobre 1818 à fin mars 1820. (*Hatin*, Bibliographie de la presse) sur papier fin dans une condition exceptionnelle. A la fin du tome III se trouve ajoutée une brochure de 8 pages intitulée : *Pourquoi les ministres ont-ils retiré la loi qu'ils avaient proposée sur leur responsabilité.* Signée : Crignon d'Auzouer.

Portrait de Châteaubriand, gravé par Laugier d'après Girodet Trioson.

81. CHAULIEU (L'abbé de). Œuvres d'après les manuscrits de l'auteur. *La Haye et Paris*, 1774. 2 vol. in-8, port. gr. par Hubert, d'après de Troy, mar. bleu foncé à longs grains, comp. sur les plats dor. et à froid, dos orné, gardes de tabis rose, dent., tête dor. (*Simier*).

Papier de Hollande.

Portrait en double état, avant et avec la lettre. Portr. ajouté, gr. par Duflos, d'après de Troy.

Jolie reliure très fraîche.

82. CHAUMETTE-DES-FOSSÉS (Amédée). Voyage en Bosnie dans les années 1807 et 1808. *Paris*, 1822. In-8, veau fauve, dos orné, larg. encad. sur les plats dor. et à froid, dent. int., tr. dor., (*Simier*).

Papier vélin bristol.

Envoi autographe en haut du premier feuillet : « A ma bonne mère. » « l'Auteur. »

Reliure très fraîche.

83. CHEF-D'ŒUVRE (le). d'un inconnu. Neuvième édition. *Paris, Imp. Bibliographique*, 1807. 2 vol. pet. in-8, port. et fig., dos et c. veau f., tr. jasp. (*Simier*).

Grand papier de Hollande.

84. CHÉNIER (A.). Poésies. *Paris, Charpentier*, 1862. Un vol. en deux parties gr. in-8, dos et coins mar. grenat, dos orné, tr. dor., n. rog. (*Champs*).

Grand papier de Hollande : n° 116.

Fig. ajoutées : 1 port. et 11 fig. de Staal, gr. sur acier, avant toute lettre, sur Chine monté.

85. CHÉNIER (A). Œuvres poétiques de André de Chénier. *Paris, Lemerre*, 1874. 3 vol. in-18, port. gr. par Rajon, et fac-simile, dos et coins mar. bleu, dos orné, tête dor., n. rog. (*Champs*).

Papier Whatman. Portrait en double épreuve, avant la lettre, sig. à la pointe, noir et sanguine. Portraits de Marie Cosway et de Fanny; gr. à l'eau-forte, par Champollion, avant la lettre, sig. à la pointe, sur Chine monté, ajoutés.

86. CHÉNIER (A). Poésies. *Paris, Charpentier*, 1888. In-4, port. et fig. de Bida gr. par Courtry, Champollion, etc..., dos et coins mar. grenat, tête dor., n. rog. (*Champs*).

Papier Whatman : n° 48. Double suite des figures avant la lettre, sig. à la pointe, sur Hollande et sur Japon, la lettre et les légendes sur papier de soie.

Prospectus ajouté à la fin du volume.

Couverture et dos conservés.

87. CHEVIGNÉ (comte de). Les contes Rémois. Sixième édition. *Paris, Michel Lévy frères*, 1864. In-16, port. gr. par Buland d'après Foulquier. Fig. de Meissonier et Foulquier, cart., dos et coins, vélin blanc, doub. de papier japonais fantaisie, n. rog. (*Carayon*).

Papier vélin rose. — Avec la photographie à la page 253. Envoi autographe en haut du faux-titre : « A mon ami Dejonge. — Comte de Chevigné. »

88. CLADEL (Léon). L'amour romantique. *Paris, Rouveyre et G. Blond*, 1882. In-8, br.

Papier de Chine : n° 34. — Frontispice et fig. de Ferdinandus en double état, avant toute lettre, remarque, bistre et avec la lettre.

89. CLADEL (Léon). Par devant notaire. *Bruxelles, Kistemaeckers*, pet. in-8, cart. dos et coins mar. vert foncé, n. rog. (*Carayon*).

Édition originale. — Texte encadré d'un filet vert ombré.

90. CLARETIE. Un enlèvement au XVIIIe siècle. *Paris, E. Dentu*, 1882. Front. et vig. de Lalauze. In-16, cart. dos et coins mar. vert, n. rog. (*Carayon*).

Papier de Hollande. — Texte encadré d'un filet rouge. Frontispice en double épreuve : avant la lettre, noir et sanguine.

91. CLARETIE. La Vie à Paris en 1880, 1881, 1882, 1883, 1884 et 1885. *Paris, Havard, s. d.*, (1881-86). 6 vol. in-18, cart., dos et coins toile bleue, n. rog. (*Carayon*).

Papier de Hollande. Collection complète.

Portrait ajouté, gravé à la pointe sèche par Desboutins, avant la lettre. Couvertures.

92. CLÉMENT DE RIS (L.). Les Amateurs d'autrefois. *Paris, E. Plon et Cie*, 1877. Gr. in-8, port. gr. par F. Flameng, Lefort et Mongin. Gr. in-8, dos et coins mar. violet, dos orné, guirlande et fil., t. dor., n. rog. (*Champs*).

Papier de Hollande.

93. COIGNET (Jules) et Amédée ACHARD. Bade et ses environs, dessinés d'après nature par Jules Coignet, avec des notices par Amédée Achard. *Paris, L. Hachette et Cie*, 1858. Vig. gr. sur bois, par Bisson-Cottard, in-folio, en feuilles dans un carton, front. et fig., lith. par Sabatier.

Papier vélin. 28 planches hors texte, lithographies sur fonds teintés.

94. COLARDEAU. Œuvres choisies. *Paris, Jannet et Cotelle*, 1825. Gr. in-8, front. de Devéria, gr. par Bosq et Devillers, dem.-rel., cuir de Russie, dos orné, n. rog. (*Koehler*).

Grand papier vélin. Frontispice avant la lettre signée à la pointe, sur chine monté.

95. COLIN BUCHER (Germain). Poésies, publiées pour la première fois par M. Joseph Denais. *Paris, Techener,* 1890. In-8, br.

Avec le « Supplément aux Poésies de Germain-Colin Bucher » publié par E. Picot.

Tiré à petit nombre sur papier de Hollande.

96. COLNET. Journal d'opposition littéraire ou Mémoires Secrets de la République des lettres. *Paris, an VIII* et *IX,* 1801. 4 tom. en 2 vol. in-12, dem.-rel., veau fauve, fil., tête dor., n. rog. (*Ruban*).

Journal satirique dont la police interdit la publication au dixième numéro qui commençait le tome IV du recueil.

Couvertures des numéros conservées.

97. COLONNA (F). Songe de Poliphile, traduction libre de l'italien, par J.-G. Legrand. *Parme, Bodoni,* 1811. 2 tom. en un vol. in-4, dos et coins mar. grenat à gr. l., dos plat orné, tr. dor., n. rog. (*Rel. de Champs dans le goût de l'époque.*)

Papier vélin fort. Tiré à 100 exemplaires.

98. COLONNA. (F.) Le Songe de Poliphile, etc... Littéralement traduit pour la première fois, avec une introduction et des notes par Claudius Popelin. *Paris, Liseux,* 1883. Fig. et vig. gr. par A. Prunaire, 2 vol. in-8, en feuilles dans 10 cartons.

Papier de Hollande : n° 75.

99. COMMYNES (Philippe de). Mémoires. *Paris, Didot,* 1881. Gr. in-8, figures et chromolithographies.

Grand papier à la cuve : n° 16. Figures et chromolithographies.

100. CONSTANT (Benjamin). Lettres à Madame Récamier, 1807-1830. *Paris, Lévy.* 1882. In-8, dem.-rel., mar. bleu foncé, tr. dor., n. rog. (*Champs*).

Papier de Hollande.

101. COOPER (Fenimore). Fenimore Cooper, illustré, *Paris, Didot,* 1884-86. 4 vol. gr. in-8, fig. et vig. d'Andriolli, br.

Un des cent exemplaires imprimés sur papier à la forme n° 82.

Le dernier des Mohicans. — Les Pionniers. — La Prairie. — L'Espion.

102. COPPÉE (François). Œuvres complètes, poésies, 1864-1887. *Paris, Lemerre,* 1891. Gr. in-8, portr., fig. et vig. de F. de Myrbach, br.

Papier de Chine : n° 39.

En livraisons avec la couverture imprimée.

103. CORNAZANO (Antonio). Les Proverbes en facéties, traduits pour la première fois, texte italien en regard. *Paris, Liseux*, 1884. In-16, cart., dos et coins vélin blanc, c. n. rog. (*Carayon*).

Imprimé à 200 exemplaires.

104. COUSIN D'AVALLON. Dictionnaire pittoresque. *Paris*, 1835. In-12, dos et coins chag. poli brun, tête dor., n. rog

Papier amadou.

105. CRÉBILLON fils. Tableaux des Mœurs du Temps, etc..., suivis de l'Histoire de Zairette, par le Mis de La Popelinière. *A Venise, chez Bellopalazzo, s. d.* In-8, cart., dos et coins vélin blanc, doubl. de papier japonais fantaisie, n. rog. (*Carayon*).

Tiré à 300 exemplaires.

106. CRÉPET (Eugène). Les Poètes français, recueil des chefs-d'œuvres de la poésie depuis les origines jusqu'à nos jours, avec une notice littéraire sur chaque poète. *Paris, chez Gide*, 1861, *Hachette*, 1862. 4 vol. in-8, dos et coins mar. grenat, dos orné, écussons de milieux avec lyre, tête dor., n. rog. (*Champs*).

Papier vélin vergé et collé.

107. CRÉQUY (Marquise de). Lettres inédites à Sénac de Meilhan. *Paris, Potier*, 1856. In-18, dos et coins mar. lavallière, tête peig.

Papier de Hollande.

108. CURIOSITÉ (La) littéraire et bibliographique. *Paris, Liseux*, 1880-83. 4 vol. in-18, cart., papier Japonais, n. rog. (*Carayon*).

Collection complète.

109. CYNTHIO (Aloyse). Le Couvent hospitalier, littéralement traduit pour la première fois. Texte italien en regard. *Imprimé à cent vingt exemplaires pour Isidore Liseux et ses amis*, 1885. In-16, cart., dos et coins toile grise, c. n. rog. (*Carayon*).

110. DANTE. L'Enfer, mis en vieux langage françois et en vers, par E. Littré. *Paris, Hachette*, 1879. In-16, mar. rouge, dos orné, 3 fil. sur les plats, dent. int., tr. dor. (*Masson-Debonnelle*)

Papier de Hollande : nº 29.

111. DANTE. La Commedia di Dante Alighieri. Col commento inedito di Stefano Talice da Ricaldone. *Seconda edizione*, autorizzata da S. M. *Milano, Ulrico Hœpli*, 1888. 3 vol. in-8, port., br.

Très belle publication sur papier vélin, faite par ordre du roi d'Italie.

112. DARU. Histoire de la République de Venise, seconde édition, revue et corrigée. *Paris, Didot,* 1821. 8 vol. in-8, dem.-mar. bleu foncé, à dos orné, mosaïque de mar. rouge et citron, n. rog. (*Thouvenin*).

Grand papier vélin.
Quelques pages légèrement piquées.

113. DAUDET (Alphonse). Sapho. Mœurs parisiennes. *Paris, C. Charpentier,* 1884. In-18, cart., dos et coins toile grise, n. rog. (*Carayon*).

Papier de Hollande : n° 172. — Édition originale.

114. DELICADO (Francisco). La Lozana Andaluza (la gentille andalouse), traduit pour la première fois, texte espagnol en regard, par Alcide Bonneau. *Paris, Liseux,* 1888. 2 vol. in-8, br.

Papier de Hollande.

115. DELVAU (Alfred). Dictionnaire de la langue verte. Nouvelle édition augmentée d'un supplément par Gustave Fustier. *Paris, C. Marpon,* 1883. In-16, br.

116. DELZANT (Alidor). Les Goncourt. *Paris, Charpentier,* 1889. in-18, front. et fac-simile, cart., dos et coins toile, n. r. (*Carayon*).

Papier de Hollande : n° 10. Édition originale. Avec un portrait d'Éd. et J. de Goncourt gr. sur acier, par Descaves, avant la lettre, sig. à la pointe, sur papier fort. Nombreuses additions et rectifications manuscrites sur les feuillets de garde à la fin.
Couverture.

117. DEMAY (G.). Le Costume du Moyen-Age, d'après les sceaux. *Paris, D. Dumoulin et Cie,* 1880. In-4, dos et coins chag. poli rouge, dos orné en plein, fers azurés, tête dor., ébarbé. (*Champs*).

Grand papier vélin : n° 7. Figures et vignettes en noir et en couleurs. Couverture illustrée, conservée.

118. DÉMIDOFF (Anatole de). Voyage dans la Russie méridionale et la Crimée, par la Hongrie, la Valachie et la Moldavie. Deuxième édition, revue et augmentée. *Paris, Bourdin,* 1854. Gr. in-8, dos et coins mar. lavallière, dos orné, t. dor., n. rog. (*Champs*).

Papier de Hollande. Figures et vignettes de Raffet, en noir et en couleur. Couverture conservée.

119. DEMOUSTIER. Lettres à Emilie sur la mythologie. *Paris Furne, Jouvet et Cie,* 1868. Gr. in-8, port. et fig. de Moreau, gr. par Doherty, dos et coins mar. bleu hussard, dos orné en plein, mosaïque, roses de mar. rouge, milieux de mar. citron, t. dor., n. rog. (*Champs*).

Grand papier vergé : n° 99.

Portrait avant toute lettre, Figures avant la lettre blanche, sur Chine monté.

Fig. ajoutées : 1° 1 Port. et 36 fig. de Moreau; tirage moderne, sur Chine monté.

2° 18 fig. de Desenne avant la lettre, sig. à la pointe, remontées.

3° 2 fig. « L'Enlèvement de Psyché », d'après Prud'hon, « L'Amour et Psyché », d'après Gérard; épreuves avec la lettre sur blanc.

4° Port. de Demoustier, gr. par Croutelle, d'après Devéria, avant la lettre, sig. à la pointe, sur Chine monté.

5° Gr. par Ch. Johannot, d'après Devéria, en double état ; eau-forte pure et avant la lettre, sur Chine monté,

6° Port. de Colin d'Harleville, gr. par Adam, d'après Devéria, avant la lettre. sig. à la pointe, sur Chine monté.

En tout, 5 port. et 69 fig.

Couverture conservée.

120. DEROME (L.) Le luxe des livres. *Paris, Rouveyre,* 1879. Pet. in-8, dos et c. mar. brun foncé, t. dor., non rog. (*Canape-Belz*).

Papier Whatman : n° 60. Texte imprimé en vert.

121. DESCHAMPS (Eustache). Poésies morales et historiques. *Paris, Crapelet,* 1832. Gr. in-8, fac-simile, dos et coins mar. rouge, dos orné, fil., t. dor., n. rog. (*Bauzonnet*).

Papier vélin fort. Avec l'addition publiée en 1834.

122. DESFORGES. Le Poète. Mémoires d'un homme de lettres. *Bruxelles, Gay et Doucé,* 1881. 5 vol. in-8, frontispices de de Chauvet sur Chine, cart., dem.-rel. toile bleu clair, n. rog. (*Carayon*).

123. DESJARDINS (Gustave). Le Petit-Trianon. Histoire et description. *Versailles, L. Bernard,* 1885. Gr. in-8, dos et coins mar. vert, dos orné, mosaïque, milieu branche de rosier et roses de mar. rouge, t. dor., n. rog. (*Champs*).

Grand papier de Hollande : n° 32.

Les 2 fig. en coul. (héliochromies) avec la lettre sur Japon. Les fig. hors texte en noir, en double état, avant et avec la lettre.

Fig. ajoutée : Marie-Antoinette et ses enfants, gr. à l'eau-forte, par Boilvin, d'après Wertmuller, sur Chine monté.

Couverture conservée.

124. DES PÉRIERS (Bonaventure). Œuvres françaises. *Paris, P. Jannet,* 1856. 2 tom. en un vol. in-16, dos et coins mar. grenat, dos orné, fers azurés, t. dor., n. rog. (*Champs*).

Papier de Chine.

De la « bibliothèque elzévirienne ».

125. DESPORTES (Philippe). Œuvres. *Paris, Delahays,* 1858 Gros vol. in-18, front., dem.-rel., mar. bleu foncé, tr. dor., n. rog. (*Champs*).

Grand papier vélin fort. Front. sur Chine monté.

126. DEZEIMERIS (Reinhold). Notice sur Pierre de Brach. *Paris, Aubry,* 1858. In-8, port. et fac-simile, dos et coins mar. bleu, dos orné, comp. de mar. vert, citron, grenat, etc; coins de même, t. dor., n. rog. (*David*).

Exemplaire sur papier vélin de couleurs différentes variant à chaque feuille, double titre.
Portrait sur Chine monté.

127. DINAUX (Arthur). La Société des Rosati d'Arras, 1778-1788. *A la Vallée des Roses, de l'imprimerie anacréontique,* 100080050. Front. et encad., in-4, cart., papier, n. rog.

Papier vélin rose. Frontispice en sanguine sur blanc.

128. DIVE (P.) et E. DUCÉRÉ. La belle armurière. *Paris, Hurtrel,* 1886. In-8, fig., vig. et chromos, br. dans le cart. de l'éditeur.

129. DIVIZIO DE BIBIENA (Le cardinal). La Calandra, comédie. Traduction nouvelle et littérale par Alcide Bonneau. *Paris, Liseux,* 1887. In-16, cart., dem.-rel., vélin blanc, n. rog. (*Carayon*).

Tiré à 250 exemplaires.

130. **DORAT**. Les Baisers, précédés du mois de mai, poème. *Rouen, J. Lemonnyer,* 1880. Avec les gravures d'Eisen, gr. in-8, dos et coins mar. bleu clair, dos orné mosaïque de mar. rouge, fleurettes de mar. citron, c., t. dor., n. rog.

Grand papier du Japon : n° 33.

Front. et figures en quadruple épreuve : noir, bistre, sanguine et bleu.

Tirage hors texte des vignettes en triple épreuve : bistre, sanguine et bleu.

Fig. ajoutées : 1° « Suite de vignettes pour illlustrer les Baisers de Dorat, éditées, par J. Lemonnyer. Epreuves de premier choix tirées en noir, sur Japon, à cinquante exemplaires numérotés et paraphées. J. Cahen, 1880 ». N° 13.

2° Portrait d'Eisen, gr. par Varin, en double état, avant la lettre, sig. à la pointe, en bistre et avec la lettre sur Chine monté.

3° Port. de Dorat, gr. par Ethiou, d'après Dévéria, en double état, avant la lettre, sig. à la pointe et avec la lettre, sur Chine monté.

En tout : 194 planches hors texte.

Réimpression textuelle sur l'édition originale de 1770, avec les « Imitations des Poëtes latins », à la fin.

Couvertures et dos conservés.

131 DREUX DU RADIER. Dictionnaire d'amour, etc... par M. de ***. *La Haye* 1741. In-12, dos et coins veau fauve, dos orné, tr. peig. (*Petit succr de Simier*).

132. DROUINEAU (Gustave). Confessions poétiques. *Paris, Gosselin* 1834. In-8, dos et coins chag. poli, tête de nègre, dos orné, t. dor. n. rog. (*Thivet et Durvand*).

Édition originale.

133. DROZ (Gustave). Monsieur, Madame et Bébé. *Paris, Havard* 1878. In-8 dos et coins mar. orange, dos gr. orné, mosaïque de mar. vert, t. dor. n. rog. (*Champs*).

Papier de Hollande : n° 54. Portrait par Flameng et vignettes d'Edmond Morin. Couverture illustrée.

134. DUBOIS DE SAINT-GELAIS. Histoire journalière de Paris (1716-1717). *Pour la Société des Bibliophiles françois.* 1885. In-8, front. dem.-rel mar. vert olive, larg. mors., t. dor., n. rog. (*Champs*).

135. DU CANGE. Glossaire françois. *Niort, L. Favre,* 1879. 2 tom. en un volume in-8, dos et coins mar. bleu foncé, dos orné anc. fers, t. marb., n. rog.

Papier vergé.

136. DULAURE. Des Divinités génératrices. *Paris Liseux.* 1885. In-8, dos et coins mar. grenat, t. dor. n. rog. (*Champs*).

Avec le portrait de Dulaure gravé par Dequevauviller d'après Marin en double état : eau-forte pure sur blanc et avant la lettre, signature à la pointe sur chine monté, ajouté.

137. DUMAS (F. G.). Salon illustré de 1879. (Première année) comprenant deux cents dessins originaux accompagnés de Poésies inédites. *Paris, Ludovic Baschet*, s. d.; 2 vol. in-8.

Édition d'artiste. Exemplaire de collaborateur, sur papier teinté, en feuilles dans deux cartons fantaisie. Avec les 16 eaux-fortes avant toute lettre sur japon et les tables.

Le tirage primitif de la Préface sur une imposition différente et le portrait de Victor Hugo par Bonnat (tome I, p. 25) refait sur un nouveau dessin ont été conservés. Couvertures imprimées.

138. DUPLESSIS (Georges). Histoire de la gravure, *Paris, Hachette* 1880. In-4, fig. et vig. en feuilles dans un carton.

Grand papier Whatman : n° 15.

139. DUSSIEUX (L.) Le Château de Versailles. *Versailles, L. Bernard,* 1881. 2 vol. gr. in-8. Dos et coins mar. rouge, t. dor., n. rog. (*Ruban*).

Grand papier de Hollande : n° 27.
Les planches de l'Album ont été intercalées dans les 2 volumes, les plans à la fin.

140. DUVAL (Jacques). Traité des Hermaphrodits. *Paris, Liseux,* 1880. In-8. — Cart. demi-rel. vélin blanc, n. rog. (*Carayon*).

141. ECOLE DE SALERNE (L'art de conserver sa santé composé par l') Traduction nouvelle en vers françois par Mr B. L. M. *A Petit-Bourg, chez Paul Decauville,* 1888. In-12, cart. dem.-rel. mar. lavallière, larg. mors, n. rog. (*Carayon*).

142. ERASME. Les Colloques nouvellement traduits par Victor Develay et ornés de vignettes gravées à l'eau-forte par J. Chauvet. *Paris, librairie des bibliophiles,* 1875-76 ; in-3 vol. 8 br.

Papier vélin à la cuve.

143. ERASME. Eloge de la folie, traduit par Victor Develay et accompagné des dessins de Hans Holbein. *Paris, librairie des bibliophiles,* 1872 ; in-8, br.

Un des quinze exemplaires sur papier Whatman.

144. ESTIENNE (Henri). Apologie pour Hérodote, *Paris, Liseux,* 1879. 2 vol. in-8, dem.-rel. mar. grenat, larg. mors. t. dor. n. rog. (*Champs*).

145. ESTIENNE (Henri). Deux dialogues du nouveau langage françois italianizé. *Paris, Liseux,* 1883. 2 vol. in-8, dos et coins mar. lavallière, larg. mors., t. dor., n. rog. (*Champs*).

146. ESTOURMEL (Le comte Joseph d') Journal d'un voyage en Orient. *Paris, imp. de Crapelet,* 1844. 2 vol. gr. in-8. — Cart. de l'éditeur, n. rog.

Grand papier vélin. 158 lithographies de Sabatier d'après l'auteur, sur fonds teintés et deux plans.
Envoi autographe : « A Madame la duchesse de Céreste — hommage de mon respect et de mon attachement. La date de ce dernier commence à le rendre respectable. — d'Estourmel. »
Cartonnage de toute fraîcheur.

147. ESTOURMEL (Le comte Joseph d'). Souvenirs de France et d'Italie dans les années 1830-32. *Paris, Crapelet,* 1848, gr. in-8, dem.-rel. mar. vert, t. dor., ébarbé (*R. Petit*).

Grand papier vélin.
Piqûres.

148. EUDEL (Paul). L'Hôtel Drouot en 1881. — L'Hôtel Drouot et la curiosité en 1882, 1883, 1883-84, 1884-85, 1885-86 et 1886-87.

— Table des noms cités. *Paris. Charpentier*, 1882-1891. Port. gr. par Desmoulins, Descaves, etc. Vig. et fac-simile. 8 vol. in-18 br.

Papier de Hollande.

Le premier volume est relié : demi-mar. rouge, tr. dor., n. rog. Couverture conservée.

Il manque 1 volume (1887-88) pour que la collection soit complète.

149. EUDEL (Paul). Le Truquage, les contrefaçons dévoilées. *Paris*, 1884 ; in-18, cart. toile fantaisie non rog. (*Carayon*).

Papier de Hollande.

150. EUDEL (Paul) Collections et collectionneurs. *Paris*, 1885 ; in-18 cart. pap. japonais, tr. dor.

Papier de Hollande.

151. FABLIAUX et Contes des XIe. XIIe, XIIIe, XIVe et XVe siècles, tirés des meilleurs auteurs, publiés par Barbazan, nouvelle édition augmentée et revue par M. Méon. *Paris, chez B. Warée oncle. De l'imprimerie de Crapelet*, 1808. Front. de Langlois, gr. par d'Elvaux et Devillers frères, 4 vol.

— Nouveau Recueil de Fabliaux et Contes inédits des XIIe, XIIIe, XIVe et XVe siècles, publié par M. Méon. *Paris, Chasseriau*, 1823. Front. de Langlois, gr. par Barrois et Langlois, 2 vol. Ensemble : 6 vol. gr. in-8, dem.- veau fauve, dos orné, gr. milieu, larg. nerfs, c., n. rog. (*Reliure de l'époque*).

Grand papier de Hollande.

Frontispice en double et triple état : eau-forte pure (tomes 1, 2, et 5). Avant la lettre, signature à la pointe (tomes 1 à 6) et sur chine monté (tomes 5 et 6). Avec la lettre (tomes 1, 2, 3 et 4). En tout : 15 pièces.

152. FABLIAUX (Nouveau recueil de contes, dits) des XIIe, XIVe et XVe siècles, mis au jour pour la première fois par Achille Jubinal. *Paris, Pannier*, 1839-1842. 2 vol. in-8, dos et coins mar. bleu, dos orné, t. dor., n. rog. (*Niédrée*).

Grand papier de Hollande.

153. FABLIAUX (Recueil général et complet des) des XIIIe et XIVe siècles, publiés par MM. Anatole de Montaiglon et Gaston Raynaud. *Paris, librairie des Bibliophiles*, 1872-1890. 6 vol. in-8 br.

Grand papier Whatman.

154. FABRE (Ferdinand). Le Chevrier, scènes de la vie rustique. *Paris, Hachette et Cie*, 1867. In-8, cart. dos et coins toile rouge, n. rog. (*Carayon*).

Papier vélin. Édition originale.

155. FALLOT (Gustave). Recherches sur les formes grammaticales de la langue française et de ses dialectes au XIIIe siècle. *Paris, imprimerie royale,* 1839. Gr. in-8, dem.-rel. mar. brun, fil. à froid, t. dor., n. rog. (*Ruban*).

156. FAMEUSE (La) comédienne ou histoire de la Guérin. *Paris, Barraud,* 1870. In-8, port. et vig. de titre gr. par Rebel, cart. dos et coins, mar. bleu, n. rog. (*Carayon*).

Grand papier jonquille : nº 10.
Portrait avant toute lettre.

157. FAUQUES (Mademoiselle de). L'histoire de madame la marquise de Pompadour. *Paris, Moniteur du Bibliophile,* 1879. Pet. in-4, dos et coins mar. vieux bleu, t. dor., n. rog. (*Champs*).

Portrait ajouté : Mme de Pompadour, gravé à l'eau-forte par L. Flameng d'après La Tour ; avant la lettre, signature à la pointe sur chine monté.
Couverture conservée.

158. FAVRE (J.-B.) Obras Lengadoucianas. *Mount Pelié, enco de E. Marsal,* 1878. Gr. in-8, fig. et vig. de E. Marsal, musique, fac-simile, dos et coins mar. rouge, dos orné, mosaïque de mar. vert, t. dor., n. rog. (*Champs*).

Papier de Hollande.

159. FÉNELON. Les Aventures de Télémaque, suivies des Aventures d'Aristonoüs. *Paris, Bourdin, s. d.* Gr. in-8, port. gr. par Lefèvre aîné, fig. et vig. de Daubigny, François, Tony Johannot, etc..., fac-simile, dos et coins chag. tête de nègre, dos orné, t. dor., n. rog. (*Champs*).

Premier tirage.
Exemplaire lavé et encollé.

160. FÉNELON. Aventures de Télémaque, suivies des Aventures d'Aristonoüs. *Tours, Mame,* 1873. Gr. in-8, front. et vig. de Foulquier, br.

Papier vergé nº 25. Frontispice avant la lettre sur chine monté. Vignettes sur chine collé.

161. FLAUBERT (Gustave). Correspondance. *Paris, G. Charpentier,* 1887-92. 3 vol. in-18 br.

Papier de Hollande, nº 25. Édition originale. Tout ce qui a paru.

162. FLÉCHIER. Mémoires sur les grands jours d'Auvergne en 1665. *Paris, Hachette,* 1856. In-8, front., dos et coins mar. bleu clair, fil. à froid, t. dor., n. rog. (*Ruban*).

Un des cent exemplaires imprimés sur grand papier vélin fort : nº 46.

163. DE FOE (Daniel). Etranges aventures de Robinson Crusoé. Traduction de l'édition princeps (1719) par Battier. *Paris, Bonnassies*, 1877. In-8, front. et fig. de Fesquet, dos et coins mar. vert, dos orné à petits fers, t. dor., n. rog. (*Champs*).

Papier de Chine : nº 1:

Figures en double état : avant la lettre, signature à la pointe et avec la lettre sur hollande.

164. FOURNIER (E.) La Comédie de J. de la Bruyère. *Paris, Dentu*, 1866. 2 part. in-18, dem.-rel. mar. Lavallière, larg. mors. t. dor., n. rog. (*Canape*).

Papier de Hollande.

165. FOURNIER (E.). Histoire des Enseignes de Paris, revue et publiée par le Bibliophile Jacob. *Paris, Dentu*, 1884. In-8, front. de L.-E. Fournier, vig. et plans, dos et coins, mar. tête de nègre, dos orné, fers à froid, 3 fil. dor., t. dor., n. rog. (*Champs*).

Papier de Hollande. Édition originale.

166. FOURNIER (E.). Histoire des jouets et des jeux d'enfants. *Paris, Dentu*, 1889. In-18 br.

Couverture illustrée.

167. FOURNIER (E.). Le Vieux-Neuf. Deuxième édition refondue et considérablement augmentée. *Paris, E. Dentu*, 1877. 3 vol. in-18, cart. dem.-rel., mar. brun, larg. mors, n. rog. (*Carayon*).

Papier de Hollande. Couvertures.

168. GAFFAREL (Paul). L'Algérie, histoire, conquête et civilisation. *Paris, Didot*, 1883. Gr. in-8 br.

Papier à la forme. Chromo-lithographies avant la lettre sur Japon, la lettre en regard sur papier de soie, figures dans le texte.

169. GAGUIN (Robert). L'Immaculée Conception de la Vierge Marie, traduit pour la première fois, texte latin en regard par Alcide Bonneau. *Paris, Liseux*, 1885. In-8 br.

Édition imprimée à 170 exemplaires, tous sur papier de Hollande.

170. GARNIER (Edouard). Histoire de la Céramique. *Tours, Mame*, 1882. Gr. in-8 br.

Papier de Chine, nº 25. Figures hors texte avant la lettre, la lettre sur papier de soie.

Quatre planches en couleurs, parues dans la deuxième édition, ajoutées.

171. GAUCHET (Claude). Le Plaisir des champs. *Paris, Vieweg*, 1869. Pet. in-8, br.

Grand papier de Hollande.

172. GAUTIER (Léon). La Chanson de Roland. *Tours, Mame*, 1872. Fig. de Chifflart et Foulquier, vig., carte et fac-simile, 2 tomes en un volume in-8, dos et coins mar. grenat, dos orné en plein, fers azurés, t. dor., n. rog. (*Champs*).

Papier de Chine : n° 10. Figures avant la lettre, sur Chine, doublé, la lettre sur papier de soie.

Suite des fig. ajoutée ; épreuves d'artiste, avant la lettre, sur Chine monté.

173. GAUTIER (Théophile). Mademoiselle de Maupin. *Paris, Charpentier*, 1880. Port. gr. par E. Abot, et fac-simile d'après Th. Gautier, in-8, dem-rel., mar. bleu larg. mors., t. dor., n. rog. (*Champs*).

Papier de Hollande.
Couverture.

174. GAUTIER (Théophile). Émaux et Camées. *Paris, L. Conquet*, 1887. Dessins de G. Fraipont, in-16, cart. papier japonais, n. rog. (*Carayon*).

Exemplaire avec la « Prime aux Souscripteurs ». — Musée secret — et le Prospectus.
Couverture conservée.

175. GAUTIER (Théophile). Œuvres choisies. *Paris, Lemerre*, 1890-91. 5 vol. in-18, port. gr. par Bracquemond, broch.

Papier de Hollande : n° 8. — Portrait en triple épreuve, avant la lettre, sig. à la pointe, noir, bistre et sépia.

176. GAVARNI. Masques et Visages. *Paris*, 1857. In-12, front. et vig. de Godefroy-Durand, d'après Gavarni, dos et coins moire rouge, n. rog.

Premier tirage.
Couverture conservée.

177. GÉNIN (F). Lexique comparé de la langue de Molière. *Paris, Didot*, 1844. In-8, dem.-rel., veau fauve, fil., t. dor., n. rog. (*Champs*).

178. GÉNIN. Récréations philologiques. *Paris, Chamerot*, 1856. 2 vol. in-8, cart., papier brun, n. rog.

179. GILBERT. Œuvres complètes. *Paris, Dalibon*, 1823. In-8, dos et coins mar. rouge, dos orné, n. rog. (*Simier, relieur du Roi*).

Grand papier vélin. Port. et fig. avant la lettre, sig. à la pointe.

Port. ajouté, gr. par Pourvoyeur, avant la lettre, sig. à la pointe, sur Chine monté.

180. GILL (André). La Muse à Bibi. *Paris, C. Marpon*, 1881. In-18 front. de Gill., cart. dos et coins toile verte. n. rog. (*Carayon*).

Grand papier de Hollande.
Couverture illustrée conservée.

181. GLADY (Albéric). Jouir. *Paris, Glady frères*, 1875. In-18, cart. dos et coins toile bleue, n. rog. (*Carayon*).

Papier de Hollande : n° 87.

182. GLATIGNY (Albert). Poésies complètes. *Paris, Lemerre*, 1879. In-18, port., dos et coins mar. chaudron, dos orné, t. dor., n. rog. (*Ruban*).

Papier de Hollande : n° 15. Port. en double épreuve, avant la lettre, noir et bistre.

183. GLINEL (Charles). Alexandre Dumas et son œuvre. *Reims*, 1884. Gr. in-8, dos et coins chagrin poli brun foncé, dos orné, t. dor., n. rog. (*Champs*).

Papier de Hollande, n° 10.
Couverture.

184. GOMBAULD (Ogier de). Les Épigrammes, nouvelle édition donnée aux frais et par les soins de J.-V-F. Liber. *Lille*, 1861. In-12, dos et coins mar. tête de nègre, dos orné, t. dor., n. rog. (*Hardy*). — Poésies diverses de Math. de Montereul, même édition, même reliure.

Exemplaires imprimés sur *papier jonquille.*

185. GONCOURT (Ed. et J. de). Portraits intimes du XVIIIe siècle. *Paris, Dentu*, 1857-58. 2 vol in-18, cart. dos et coins mar. vert, clair, n. rog. (*Carayon*).

Papier de couleur (tome I, chamois, tome II, rose). Édition originale. Couvertures.

186. GONCOURT (Ed. et J. de). L'Amour au dix-huitième siècle. *Paris, Dentu*, 1875. In-12, front. de Boilvin, texte encadré, cart. dos et coins mar. rose, non rogné. (*Carayon*).

Papier de Hollande, couverture.
Édition originale.

187. GONCOURT (Ed. et J. de). Romans et nouvelles, *Paris, Charpentier*, 1876-1886. 9 vol. in-18, dos et c. toile or., non rog. (*Carayon*).

Charles Demailly, 1876. — Sœur Philomène, 1876. — René Mauperin, 1876. — Germinie Lacerteux, 1877. — Manette Salomon, 1876. — Madame

Gervaisais, 1876. — Quelques créatures de ce temps, 1876. — Idées et sensations, 1877. — Pages retrouvées, 1886.

Papier de Hollande, couvertures.

188. GONCOURT (Ed. de). La Fille Élisa. *Paris, Charpentier*, 1877. In-18, cart. dos et coins toile orange, n. r. (*Carayon*).

Papier de Hollande, n° 13. Édition originale.
Couverture.

189. GONCOURT (Ed. de). Les Frères Zemganno. *Paris, Charpentier*, 1879; in-18, cart. dos et coins toile orange, n. rog. (*Carayon*).

Papier de Hollande : n° 68. Édition originale.
Couverture.

190. GONCOURT (Ed. de). La Maison d'un artiste. *Paris, Charpentier,* 1881 ; 2 vol., cart. dos et coins toile bleue, n. r. (*Carayon*).

Papier de Hollande : n° 47. Édition originale.
Couvertures.

191. GONCOURT (Ed. de). La Faustin. *Paris, Charpentier*, 1882. In-18, cart. dos et coins, toile or., n. r. (*Carayon*).

Papier de Hollande : n° 77. Édition originale.
Couverture.

192. GONCOURT (Ed. De). Chérie. *Paris, Charpentier*, 1884. In-18, cart. dos et coins, toile or., n. rog. (*Carayon*).

Papier de Hollande, édition originale. Couverture.

193. GONCOURT (Ed. et J. de). *Paris, G. Charpentier et Cie*, 1879-1885. 7 vol. in- 18, cart. dos et coins toile bleue, non rog. (*Carayon*).

Papier de Hollande. Couvertures.

La duchesse de Châteauroux et ses sœurs, 1879. — Madame de Pompadour, 1878, avec la brochure suivante ajoutée à la fin du volume: « Louis XV et Madame de Pompadour, etc... *J. Baur*, 1876.» Papier vergé. — La Du Barry, 1878. — Histoire de Marie-Antoinette, 1878. — Histoire de la Société française pendant la Révolution, 1880. — Histoire de la Société française pendant le Directoire, 1880. — Portraits intimes du XVIIIe siècle, 1878.

194. GONCOURT (Ed. et J. de). Histoire de Marie-Antoinette. *Paris, Charpentier*, 1878. Gr. in-8, texte avec encadrements de Giacomelli, dos et coins mar. bleu, dos orné, fleurs de lis mar. citron, tête dor., non rog. (*Champs*).

Figures en noir et en couleur, eaux-fortes, avec la planche du *Bol-Sein.* Couverture conservée.

195. GONCOURT (Ed. et J. de). La Femme au XVIIIe siècle. *Paris, Didot et Cie*, 1887. In-4. Fig., dos et coins mar. bleu hussard, dos orné mosaïque de mar. rouge et citron, t. dor., et rog. (*Champs*).

Grand papier vélin : nº 109.

5 figures ajoutées : 1º Portrait d'Ed. de Goncourt ; 2º Portrait de J. de Goncourt gr. à l'eau-forte par Varin, épreuve d'artiste avant la lettre sur bristol ; 3º Le Lever, par et d'après Regnault ; 4º Le Bain, gravé par Regnault, d'après Baudoin ; 5º Ah ! laisse-moi donc voir ! gravé par Janinet, d'après Lawreince, gravures en couleurs avant lettre sur Japon. (Fac-simile). Couverture conservée.

196. GONCOURT (Ed. et J. de). Madame de Pompadour. *Paris, Didot,* 1888. In-4, fig. en noir et en coul., dos et coins mar. bleu hussard, dos orné mosaïque, t. dor., n. rog. (*Champs*).

Grand papier vélin.

2 portraits ajoutés : 1º Mme de Pompadour, gravé par Nargeot, d'après La Tour avant toute lettre sur bristol ; 2º Mme de Pompadour dans un buisson de roses. (Photoglyptie Goupil). Couverture conservée.

197. GONCOURT (Ed. et J. de) Sophie Arnould d'après sa correspondance et ses mémoires inédits. *Paris, Dentu,* 1877. Gr. in-8, port. texte encadré, cart. dos et coins mar. vert, n. rog. (*Carayon*).

Un des quelques exemplaires imprimés sur papier de Hollande. Couverture.

198. GONCOURT (Ed. de). La Saint-Huberty d'après sa correspondance et ses papiers de famille, *Paris, Dentu,* 1882. In-18, front. texte encadré, cart. dos et coins mar. roug., tr. r. (*Carayon*).

Un des cent exemplaires imprimés sur papier de Hollande, couverture.

199. GONCOURT (Ed. et J. de). Les actrices du XVIIIe siècle. *Paris, Charpentier,* 1885-1890. 3 vol. in-18, cart. dos et coins toile bleue, non rog. (*Carayon*).

Papier de Hollande, couvertures. — Sophie Arnould. — Saint-Huberty. — Mademoiselle Clairon (*éd. orig.*).

200. GONCOURT (Ed. et J. de). La lorette. *Paris, Charpentier,* 1883. In-16, dess. de Gavarni, gr. par J. de Goncourt, cart. dos et coins toile grise, n. rog. (*Carayon*).

Papier Whatman.
Couverture conservée.

201. GONCOURT (Ed. et J. de). L'art au dix-huitième. *Paris, Charpentier,* 1881-82. 3 vol. in-18, cart: dos et coins toile bleue, non rog. (*Carayon*).

Papier de Hollande, couvertures.

202. GONCOURT. L'art au XVIIIe siècle. Troisième édition. *Paris, A. Quantin,* 1880-82. 2 vol. in-4, fig., dos et coins mar. bleu clair, dos orné, mosaïque mar. rouge, tête dor., n. rog. (*Champs*).

Papier Whatman: nº 100. Figures en double état : avant la lettre sur Japon et avec la lettre sur Whatman.

Figures ajoutées : 1º 15 portraits gravés à l'eau-forte par Varin, en double état : avant la lettre en bistre sur papier fort et avec la lettre sur Chine monté ; 2º port. de Coypel gravé à l'eau-forte par T. de Mare, en double état : eau-forte pure sur hollande ; avant toute lettre sur Chine monté, signature au crayon.

Couvertures conservées.

203. GONCOURT (Ed. et J. de). Catalogue raisonné de l'Œuvre de P. P. Prud'hon. *Paris, Rapilly*, 1876. In-8, port. lith. par A. Leroy, cart. dem.-r., m. br., n. rog. (*Carayon*).

Papier vergé, édition originale.
Couvertures conservées.

204. GONCOURT (Edmond de). Catalogue raisonné de l'œuvre d'Antoine Watteau. *Paris, Rapilly*, 1875. Port. gr. par Sellier, in-8, cart. d.-r. m. br., non r. (*Carayon*).

Papier vergé. Édition originale.
Portrait gravé par Lépicié, ajouté (nº 11 du catalogue).

205. GONCOURT (Ed. et J. de). Gavarni, l'homme et l'œuvre. *Paris, Charpentier*, 1879. In-18, cart. dos et coins toile bleue, non rog. (*Carayon*).

Papier de Hollande. Couverture.

206. GONCOURT (Ed. de). Outamaro, le peintre des maisons vertes. *Paris, Charpentier*, 1891. In-18, cart. dos et coins toile bleue, n. rog. (*Carayon*).

Papier de Hollande, édition originale. Couverture.

207. GONCOURT (Ed. et J. de). Théâtre (Henriette Maréchal, la patrie en danger). *Paris, Charpentier*, 1879. In-18, cart. dos et coins toile verte, non rog. (*Carayon*).

Papier de Hollande, couverture, édit. orig. collective.

208. GONCOURT (Ed. et J. de). Journal des Goncourt. *Paris, Charpentier*, 1887-1892 ; 6 vol. in-18 cart. dos et coins toile rouge, n. rog. (*Carayon*).

Papier de Hollande. Édition originale. Couvertures.

209. GONCOURT (Ed. et J. de). Préfaces et manifestes littéraires. *Paris, Charpentier*, 1888. In-18, cart. dos et c. toile orange, non rognés (*Carayon*).

Un des vingt-cinq exemplaires sur papier de Hollande. Édit. originale. Couverture.

240. GONCOURT (Jules de). Eaux-fortes. Notice et Catalogue par Philippe Burty. *Paris, Librairie de l'Art*, in-4, fig. et vig. en feuilles dans un carton.

Papier de Hollande : n° 6.

Planches hors texte en premières épreuves avant les numéros et le nom de l'imprimeur sur Japon mince fixé sur bristol.

211. GONCOURT (J. de). Lettres. *Paris, Charpentier*, 1885. In-18, port. et fac-simile, cart. dos et c. toile rouge, n. rog. (*Carayon*).

Papier de Hollande, couverture.

212. GRAFIGNY (Madame de). Vie privée de Voltaire et de Mme du Châtelet. *Paris, Treuttel et Wurtz*, 1820. In-8, dos et coins mar. vert, dos orné, t. dor., n. rog. (*David*).

Grand papier vélin. Portraits ajoutés : 1° Madame de Grafigny, gr. par Gaucher, avant la lettre, tablette blanche, gr. par Delaunay (?) eau-forte pure, gr. par Goulu, d'après Desenne, en double état, eau-forte pure et avant la lettre, sig. à la pointe, sur Chine monté.

2° Madame du Châtelet, gr. par d'Elvaux, d'après M. A. Loir, épreuve avec la lettre blanche, gr. par Langlois, d'après la même.

3° Voltaire, fac-simile d'un dessin de J. Vernet, gr. par Touzé, d'après Desenne, avant la lettre, sig. à la pointe, sur Chine monté, gr. par Pourvoyeur, d'après La Tour. Ex-libris de Pixérécourt et Emmanuel Martin. La reliure du temps, en très mauvais état, a dû être remplacée.

213. GRESSET. Œuvres choisies. *Paris, Jannet et Cotelle*, 1823. In-8, dos et coins mar. vert à longs grains, dos sans nefrs, orné, t. dor., n. rog. (*rel. de Ruban dans le goût de l'époque*).

Grand papier vélin. 2 port. ajoutés d'après Devéria : 1° Gresset, gr. par Lefèvre, sur Chine monté. — 2° Campenon, gr. par Delaistre, avant la lettre, sig. à la pointe.

Le front. de Desenne manque.

214. GRIFFET DE LA BAUME. La messe de Gnide. *Paris, Liseux*. 1884. In-32, cart. papier japonais, n. rog. (*Carayon*).

Imprimé à 200 exempl.

215. GRIMM, DIDEROT, etc. Correspondance littéraire, philosophique et critique, notices, notes, table générale par Maurice Tourneux. *Paris, Garnier*, 1877-1882. 16 vol. in-8, port. gr. par Régamey, fac-simile, br.

Papier de Hollande : n° 5. — Portrait avant la lettre, sur Chine monté.

216. GUERNE (Vicomte de). Les Siècles morts. L'Orient antique. *Paris, Lemerre*, 1890. In-8, dos et coins mar. bleu, t. dor., non rog. (*Champs*)

Papier de Hollande : n° 6.

217. HAMILTON (Antoine). Mémoires du comte de Grammont, *Paris, Lemerre*, 1876. In-18, port. gr. par C. Lemaire. dos et coins mar. rouge, dos orné, t. dor., n. rog. (*Champs*).

Papier Whatman : nº 11. — Port. en double épreuve, avant la lettre, sig. à la pointe, noir et sanguine.

Fig. ajoutées : 1º 1 front. et 6 fig. de Chauvet, avant toute lettre, bistre.

2º 8 Fig. de Choquet. gr. par Bovinet, Goulu, etc., avant la lettre.

218. HATIN (Eugène). Bibliographie de la presse périodique française. *Paris, Didot*, 1866. In-8, port. gr., dem.-rel., mar. lavallière, tête dor., n. rog. (*David*).

Grand papier de Hollande.

219. HAVARD (H.). La Hollande à vol d'oiseau. *Paris, Quantin*, 1881 ; gr.. in-8, eaux-fortes et fusains par Maxime Lalanne. — La Flandre à vol d'oiseau. *Paris, Decaux*, 1883. Gr. in-8, illustrations d'après nature, par Maxime Lalanne. Ens. 2 vol., dos et coins chag. vert, tête dor., non rog.

Papier de Hollande, figures en double état. avant la lettre, sur Chine monté et avec la lettre sur bristol.

220. HAVARD (H.). L'art à travers les mœurs. *Paris, A. Quantin*, 1882. Gr. in-8, figures et vig. de Coutzeviller, dos et coins mar. vert olive, tr. dor., n. rog.

Grand papier de Hollande, nº 23. Figures en double état, avant toute lettre, sur Chine monté et avec la lettre.

221. HAVARD (H.). L'art dans la maison. *Paris, Rouveyre*, 1884. In-4, fig. et vig. dos et coins mar. rouge, dos orné, t. dor., non rog. (*Champs*).

Grand papier vergé : nº 48.

Planches hors texte, en double état, avant et avec la lettre. Couvertures.

222. HÉDELIN (François). Des satyres, brutes, monstres et démons. *Paris, Liseux*, 1888. In-16, br.

223. HÉRODOTE. Histoire, traduite du grec. Nouvelle édition, revue, corrigée et considérablement augmentée par P.-H. Larcher. *Paris, Crapelet*, 1802. 9 vol. in-4, dem.-mar. rouge, fil., n. rog. (*anc. reliure*).

Grand papier vélin. — Port. ajouté : avant toute lettre (Collection Tardieu.)

Exemplaire de J.-J. de Bure l'aîné et de S. de Sacy.

224. HEYLLI (Georges d'). Cotillon III. *Imprimé à Cotillonville, l'an des grâces mil huit cent soixante-sept, sans privilège.* (*Imp. Jouaust*). In-18, cart. dos et coins toile, n. r. (*Carayon*).

Papier vergé. — Exemplaire non mis dans le commerce.

225. HEYLLI (Georges d'). Rachel d'après sa correspondance. *Paris, librairie des Bibliophiles,* 1882. Port. gr. par Massard, et fac-simile, gr. in-8, dos et coins mar. bleu ardoise, dos orné mosaïque, n. rog. (*Champs*).

Papier Whatman : n° 8. — Portraits en triple état ; avant toute lettre, sig. à la pointe, sur Japon mince ; avant la lettre ; avec la lettre, sur Hollande.

226. HORACE. Œuvres d'Horace, traduites en français par M. Dacier et le P. Sanadon. *Amsterdam,* 1735. 8 vol. in-12, front. et vig., veau fauve, fil., dent. int., t. dor. (*Derome*).

Joli exemplaire.

227. HORACE. Les odes d'Horace traduites en vers par Ch. Vanderbourg. *Paris,* 1812 ; 2 vol. in-8, dos et coins, rel. veau fauve, non rog. (*Purgold*).

Grand papier vélin.

228. HORACE. Œuvres complètes, traduites en françois par Charles Batteux. *Paris,* 1823. 3 vol. gr. in-8, dem.-rel,, mar. bleu, non rog. (*Purgold*).

Grand papier vélin. Portrait en deux états : (eau-forte et avec la lettre sur Chine.

229. HORACE. Œuvres. Traduction nouvelle par Leconte de Lisle. *Paris, Lemerre,* 1873. 2 vol. in-18, front. de Boilvin, dos et coins mar. orange, dos orné, t. dor., n. rog. (*Canape*).

Papier Whatman : n° 93. Frontispice en double état, avant toute lettre ; noir, sur Chine monté, bistre sur Whatman.

230. HORACE. Œuvres traduites en vers par Ch. Chautard. *Paris, Librairie des Bibliophiles,* 1877, 2 vol. in-18, dem.-rel. mar. grenat, large mors., t. dor., n. rog. (*Champs*).

Papier Whatman.

Port. d'Horace, dess. et gr. par A. Saint-Aubin, épreuve avec la lettre blanche, ajouté.

Envoi autographe : « A Monsieur Auguste Barbier, de l'académie française, hommage de respectueuse affection. — Ch. Chautard. »

231. HOUSSAYE (Arsène). Les Confessions, 1830-1890. *Paris, Dentu,* 1885-1891. 6 vol. in-8, port., vig. et autograghes, cart.

étoffe japonaise, doub. et gardes de papier japonais à personnages, n. rog. (*Carayon*).

Papier de Hollande. — Le portrait et les autographes sur papier vélin teinté.

Couvertures conservées.

232. HUGO (Victor). William Shakespeare. *Paris, librairie internationale*, 1864. In-8, dos et coins mar. grenat, t. dor., n. rog.

Papier de Hollande. — Édition originale.

Fig. ajoutées : 2 port. de Shakespeare et 12 fig., extraites de l'édition Bell, remontées sur vergé.

Couverture conservée. Exemplaire de M. Noilly.

233. HUIT FACÉTIES. *A Berne, chez l'Orso*. In-32, dem.-rel. mar. rouge à longs grains, orné, t. dor., n. rog. (*Canape-Belz*).

Recueil complet.

Couvertures, sur papiers fantaisie, conservées.

234. IMITATION (L') de Jésus-Christ. Traduction et réflexions par l'abbé de Lamennais, suivie de l'ordinaire de la messe. *Le Mans. Edmond Monnoyer*, 1883. In-16, front. et encad. gr. par. Eugène Mouchon, en feuilles dans un carton.

Papier de Chine.

235. JOINVILLE. Histoire de saint Louis, credo et lettre à Louis X. *Paris, Didot*, 1874. In-8, gr., br.

Grand papier à la forme. Cartes, figures en chromolithographies

236. JOURNAL d'un officier malgré lui, par Théo-Critt. *Paris, Hurtrel*, 1887. In-16, front. et vig. de Kauffmann, cart. de l'éditeur, n. rog.

Frontispices et têtes de chapitres à l'eau-forte.

Tiré à 200 exempl. sur papier à la cuve.

237. JULLIEN (Adolphe). La Comédie à la Cour. *Paris, Didot, s. d*, (1883). In-4, chromolith. fig. et vig. en noir et coul., dos et coins mar. bleu hussard, dos long orné, t. dor., n. rog. (*Ruban*).

Grand papier de Hollande : n° 82. — Figures en double état : avant la lettre en sanguine et avec la lettre. Le front. en chromolith. avant toute lettre, la lettre et la légende en regard sur feuillet séparé.

Couverture conservée.

238. LABÉ (Louise). Œuvres de Louise Labé, Lionnoise. *A Lyon, Durand et Perrin*, 1824. In-8, dos et coins mar. bleu foncé à longs grains, dos orné, grand milieu, t. dor., non rog. *(rel. de Ruban dans le goût de l'époque.)*

Grand papier vélin.

Portrait ajouté, lithographié d'après le buste de Foyatier.

239. LA BÉDOYÈRE (Henri de). Journal d'un voyage en Savoie, etc..., seconde édition. *Paris, Crapelet*, 1849. In-8, fig. de Moreau, gr. par De Villiers frères, dos et coins mar. grenat clair, dos orné, mosaïque, t. dor., n. rog. (*Champs*).

Grand papier Whatman.
Fig. en double état (triple épreuve) : eau-forte pure et avant lettre sur blanc et sur Chine.
Couverture conservée.

240. LA BRUYÈRE. Œuvres. *Paris, Hachette*, 1865-1882. 3 vol. gr. in-8, dos et coins mar. brun foncé, dos orné, 4 fil., t. dor., n. rog. (*Champs*).

Grand papier vélin.
L'album est relié à la fin du tome III. — Portrait sur Chine monté.
De la collection des « Grands Écrivains de la France ».

241. LACOUR (Louis). L'Œuvre de M. le comte de Chevigné. La Muse Champenoise au XIXe siècle, 1865. In-24, cart. dem.-rel., vélin blanc, n. rog. (*Carayon*).

Exemplaire nº 37.

242. LACOUR (Louis). Le Tartuffe par ordre de Louis XIV. Front. gr. par Riballier d'après Romayn de Hooghe. *Paris, Claudin*, 1877. In-32, cart. dem.-rel. vél. blanc, n. rog. (*Carayon*).

Papier de Hollande : nº 66.
Front. en double état (triple épreuve) : avant toute lettre, noir et sanguine sur Chine et sur Japon, et avec la lettre.

243. LACROIX (Paul). Catalogue de la bibliothèque de l'Abbaye de Saint-Victor. *Paris, Techener*, 1862. Gr. in-8, dos et coins mar. rouge foncé, t. dor., n. rog. (*Champs*).

Grand papier de Hollande.
Couverture conservée.

244. LACROIX (Paul). Louis XII et Anne de Bretagne. *Paris, Hurtrel*, 1882. Fig., vig. et chromolith. In-4, port. gr. par Lalauze, en feuilles dans un carton.

Papier du Japon : nº 30. Portrait avant la lettre, sig. à la pointe.

245. **LACROIX** (Paul). XVIIe siècle : Institutions, usages et costumes. *Firmin-Didot et Cie*, 1880. Fig. et chromolith. — XVIIe siècle : Lettres, sciences et arts. *Firmin-Didot et Cie*, 1882. Fig., vig. et chromolith. — XVIIIe siècle : Institutions, usages et costumes. *Firmin-Didot frères, fils et Cie*, 1875. Fig., vig. et chromolith. — XVIIIe siècle : Lettres, Sciences et Arts. *Firmin-Didot et Cie*, 1878. Fig., vig. et chromolith. — Directoire, Consulat et

Empire : Mœurs et usages, lettres, sciences et arts. *Firmin-Didot et Cie*, 1884. Fig., vig., chromolith. Ensemble 5 vol. in-4, dos et coins mar., dos orné à petits fers, t. dor., non rog. (*Champs*). Les 2 vol. du XVIIe siècle sont en rouge, ceux du XVIIIe en bleu de roi, et le Directoire en rouge antique, l'ornementation est la même pour les 5 volumes.

Grand papier. Chromolith. avant la lettre, la lettre et les légendes explicatives en regard sur papier de soie.

Figures hors texte avant la lettre sur Chine monté, la lettre comme ci-dessus.

Vignettes sur fonds teintés Chine.

246. LACROIX (Paul) et SÉRÉ (Ferdinand). Le Moyen-Age et la Renaissance. *Paris*, 1848-1851. 5 vol. in-4, front., fig., vig. et chromolith., dos et c. mar. rouge, dos orné, t. dor., n. rog. (*Petit, succ. de Simier*.)

Exemplaire de souscription entièrement monté sur onglets, texte et planches. Liste des souscripteurs imp. en or, à la fin du tome V. Quelques piqûres.

247. LA CURNE DE SAINTE PALAYE. Dictionnaire historique de l'ancien langage français. *Niort, L. Favre. Paris, Champion*, 1875-1882. 10 tom. en 5 vol. in-4, dem.-bas. brune, dos orné, coins, t. marb., n. rog., imit. de reliure ancienne.

Grand papier de Hollande.

248. LA FAYETTE (Madame de). Mémoires de Hollande, quatrième édition revue sur l'édition originale par J.-P.-A. Parison et publiée avec des notes par A.-T. Barbier. *Paris, J. Techener*, 1856. In-16, port. gr. par Riffaut. Musique et fac-simile, cart. dem.-rel. vélin blanc, n. rog. (*Carayon*).

Papier de Hollande. Portraits sur Chine monté.

Envoi autographe en haut du faux-titre : « M. de Loménie, professeur au Collège de France, hommage de reconnaissance. — A.-T. Barbier. »

Avec les « Nouveaux Eclaircissements sur les Mémoires de Hollande, par Ap. Briquet. *J. Techener*, 1857. » In-16. — *Papier de Hollande*.

249. LA FIZELIÈRE. Histoire de la crinoline. *Paris, Aubry*, 1859. In-12, br.

Très jolie couverture illustrée en couleurs.

250. **LA FONTAINE**. Fables. Édition illustrée de 75 planches à l'eau-forte par A. Delierre. *Paris, Quantin*, 1883. 2 vol. in-4, dos et c. mar. rouge, dos orné à petits fers, t. dor., n. rog. (*Ruban*.)

Papier Whatman : n° 21.

Figures en double état : avant la lettre, sig. à la pointe, sur Japon et avec la lettre.

Fig. ajoutées : 1° 23 vig. tête de page de Delierre, gr. à l'eau-forte, sig. à la pointe, sur Chine (collection inachevée) ;

2° 1 port., 2 front. et 69 fig. d'après Oudry, gr. à l'eau-forte par Courtry, Greux, etc., avant la lettre sur Chine (*Lemerre*) ;

3° 1 port. et 50 vig. de Foulquier gr. à l'eau-forte sur Chine monté (*Mame*) ;

4° 1 port. et 12 fig. d'E. Adam gr. à l'eau-forte par le Rat, avant la lettre, sig. à la pointe, sur Chine monté (*Jouaust*) ;

5° 1 port. et 13 fig. de Moreau, gr. à l'eau-forte par Milius, avant toute lettre, sur Chine monté (*Rouquette*) ;

6° Port. de La Fontaine dans un cadre orné ;

7° Port. ovale, d'après Duplessis-Bertaux.

En tout : 8 port., 25 vig. et 292 fig.

Couvertures des fascicules conservées.

251. **LA FONTAINE.** Contes, avec illustrations de Fragonard. *Paris, Lemonnyer*, 1883. 2 vol. in-4, port., fig. et vig., dos et coins mar. vert, dos orné à petits fers, t. dor., n. rog. (*Ruban*).

Papier de Chine.

Portraits et figures en double état, noir et bistre (dont un état avant la lettre en noir, des 38 planches gravées à nouveau pour l'édition) et tirage à part des 5 vignettes du texte en bistre. Ensemble 4 portraits, 9 vignettes et 182 figures.

Figures ajoutées : 1° Suite des 2 portraits, des 2 titres et des 5 vignettes de l'édition avant la lettre en noir sur Hollande.

2° Portrait de Fragonard, 1 fleuron de titre, 57 figures d'après les dessins de Fragonard et une vignette pour la table gravée à l'eau-forte par Martial ; épreuves du deuxième état avant toute lettre en bistre sur Hollande, plus le fleuron en premier état avant les roses, le titre et la table avec la lettre (*Rouquette*).

3° 1 titre et 13 figures de Martial gravés à l'eau-forte, épreuves du deuxième état avant toute lettre en bistre sur Hollande (*Beillet*).

4° 2 portraits, 2 fleurons et 69 figures d'après Fragonard, Milius, Monnet et Touzé, gravés à l'eau-forte par le Rat, Milius, Mongin et R. de Los Rios avant toute lettre en bistre sur Chine (*Rouquette*).

5° 1 portrait, 1 fleuron et 20 figures d'après Fragonard et Touzé, gravés à l'eau-forte par T. de Mare, épreuves du troisième état avant toute lettre sur Hollande. Faux-titre et titre (*Conquet*).

6° 1 portrait et 40 figures d'après Boucher, Eisen, Fragonard, etc., gravés à l'eau-forte par Ch. Courtry, G. Greux, etc..., avant la lettre sur Chine (*Lemerre*).

7° 1 fleuron, 38 figures d'après Boucher, Eisen, Lancret, etc..., 1 cul-de-lampe pour la table gravé au burin par Depollier aîné, en triple état : épreuves non terminées sur Chine monté (deuxième état) avant toute lettre en bistre sur Japon impérial (troisième état) ; avec la lettre sur Chine (quatrième état). Faux-titre, titre et table (*Lemonnyer*).

8° 6 figures de Ramberg gravées au trait, en double état : avant toute lettre sur papier du Japon (troisième état) avec la lettre en sanguine sur Chine (*Lemonnyer*).

9° Portrait de La Fontaine, d'après H. Rigaud, gravé par Edelinck.

10° Portrait de Fragonard d'après Le Moyne gravé à l'eau-forte par T. de Mare, épreuve de remarque avant toute lettre sur Hollande. — Ensemble : 9 portraits, 31 vignettes et 325 figures.

En tout : Figures de l'édition et figures ajoutées : 13 portraits, 40 vignettes et 507 figures.

Couvertures conservées et feuilles de garde avec légendes pour toutes les figures des suites publiées par Lemonnyer. Couvertures des différentes suites, avis de l'éditeur, etc..., réunis à la fin du tome II.

252. LA FONTAINE. Œuvres complètes. *Paris*, 1826. In-8. Port. et fig. de Devéria gr. par Allais, Delaistre, etc,... Dos et coins mar. vert, dos orné, t. dor. n. rog. (*David*).

Papier vélin rose. Portrait et figures avec la lettre blanche.

Figures ajoutées : 1 portrait et 21 figures de Desenne gravés par Bacquoy, Berlonnier, Bovinet, etc... avant la lettre sur blanc.

Édition compacte imprimée sur deux colonnes avec des caractères très fins.

253. LA FONTAINE (J. de). Œuvres. Nouvelle édition par M. Henri Regnier. *Paris, Hachette et Cie*, 1883-1892. 9 vol. gr. in-8, br.

Grand papier vélin.

Tout ce qui a paru comprenant le texte complet et les notices biographiques et bibliographiques.

De la collection des « Grands Écrivains de la France. »

254. LA GRANGE-CHANCEL. Les Philippiques précédées de Mémoires pour servir à l'histoire de La Grange-Chancel et de son temps. *Paris, Poulet Malassis et de Broise*, 1858. In-12, dos et coins mar. grenat, dos orné, fleuron et fil. à froid, t. dor., n. rog.

Papier de Hollande.

Ex-libris : *Poulet-Malassis* et *Maxime du Camp.*

255. LALLEMAND (Charles). Tunis et ses environs. *Paris, Quantin.* 1890. Aquarelles tirées en couleurs. — La Tunisie. *Paris, Quantin.* 1892. Aquarelles tirées en couleurs. Carte. Deux ouvrages en un vol. in-4, dos et coins mar. orange, dos orné, mosaïque, milieux et fleur. de mar. bleu, t. dor., n. rog. (*Champs*).

Prospectus et liste des souscripteurs ajoutés à la fin.

Couvertures illustrées conservées.

256. LARCHEY (Lorédan). Dictionnaire historique d'Argot. Septième édition. *Paris, E. Dentu*, 1878. — Supplément aux 7e et

8e Editions etc.... *E. Dentu*, 1880. — Supplément aux Neuvième et Dixième éditions, etc.... *E. Dentu*, 1883. Ensemble : 3 vol. in-18, br.

Papier vélin et papier de Hollande.

257. LA SALE (Antoine de). L'Histoire et plaisante Cronicque du Petit Jehan de Saintré : *Paris, L. Sauvaitre ;* 1890. In-18, dos et coins mar. bleu foncé à longs grains, dos orné, fers à la cathédrale, t. dor., n. rog. (*Canape-Belz*).

258. LATOUCHE (H. de). Vallée aux loups. Souvenirs et fantaisies. *Paris, Levasseur*, 1833; in-8, dem.-rel. chag. bleu, dos orné, t. dor. n. rog.

Édition originale.

259. LAVALLÉE (Théophile). Histoire du Français. Quinzième édition, entièrement remaniée et définitive. *Paris, Charpentier*, 1861-64; 6 vol. in-8, dos et coins mar. lavallière, t. dor., n. rog. (*David*).

Édition remarquablement imprimée.

260. LEBER (C.). Plaisantes recherches d'un homme grave sur un farceur. *Paris, Crapelet*, 1835. In-8, dos et coins mar. lavallière, t. dor., n. rog. (*Champs*).

Grand papier vélin fort : n° 11.

261. LEFÈVRE (Jean). Le livre de Mathéolus. *Bruxelles*, 1864. In-8, dos et coins mar. citron, dos orné mosaïque bleu, t. dor., n. rog. (*David*).

Grand papier vergé : n° 29.

Avec le fascicule additionnel contenant les variantes, la notice et un titre avec la date rectifiée, 1864.

262. LEMERCIER (Nepomucène). La Panhypocrisiade ou le spectacle infernal du seizième siècle, comédie épique. *Paris, Didot*, 1819. — Suite de la Panhypocrisiade ou le spectacle infernal du dix-neuvième siècle. *Paris*, 1832. 2 part. en un vol. in-8, papier vergé, dos et c. mar. brun à longs grains, dos orné, non rog. (*Canape-Belz*).

263. LEOPARDI. Poésies et Œuvres morales. Traduction complète par F.-A. Aulard. *Paris, Lemerre*, 1880. 3 vol. in-18, br.

Papier de Hollande. Portrait de Martinez en double épreuve : avant la lettre noir et bistre.

264. LEROUX (P.-J.) Dictionnaire comique, satyrique, critique, burlesque, libre et proverbial. Nouvelle édition. *Pampelune*,

1786. 2 vol. in-8, dem.-rel. veau fauve, n. rog. (*Petit, successeur de Simier*).

265. LE SAGE. Histoire de Gil Blas de Santillane. *Paris, Paulin*, 1835. Gr. in-8, dos et coins mar. bleu, dos long orné, tr. dor. (*Reliure de Ruban dans le goût de l'époque*).

Exemplaire de premier tirage à toutes marges. Portrait sur Chine, frontispice et vignettes de Jean Gigoux.

Couverture en couleur et dos conservés.

266. LESCURE (De). Les Confessions de l'Abbesse de Chelles. *Paris, Dentu*, 1863. In-18, front. gr. par Leguay, d'après L.-B. Malherbe, dem.-mar. rouge, dos orné, fil., t. dor., ébarbé.

Papier de Hollande. Frontispice sur Chine monté.

267. LESCURE. Les Autographes en France et à l'étranger. *J. Gay*, 1865. In-8, dos et coins chag. poli Lavallière, t. dor., n. rog. (*Champs*).

Papier vergé : n° 31.

268. LESPINASSE (Mlle de). Lettres. Nouvelle édition augmentée de 10 lettres inédites. *Paris, Lemerre*, 1876. 2 vol. in-16 br.

Papier vélin.

269. L'ESTOILE (Pierre de). Mémoires, journaux. Edition pour la première fois complète et entièrement conforme aux manuscrits originaux. *Paris, librairie des Bibliophiles*, 1875-1883. 11 vol. in-8 br.

Papier Whatman : n° 21.

270. LIÉGEARD (Stéphen). Au caprice de la plume. *Paris, Hachette*, 1884. In-18, cart. dos et coins toile rouge, n. rog. (*Carayon*).

Papier Whatman: n° 37. Avec cette dédicace autographe: « A Monsieur Mézières, hommage bien affectueux de l'humble critique au maître, de tout cœur et de toute gratitude. Stéphen Liégeard. » Couverture.

271. LISTER. Voyage à Paris en M DC XCVIII. Traduit pour la première fois, publié et annoté par la Société des Bibliophiles françois. *Paris, pour la Société des Bibliophiles*, 1873. In-4, fig. dos et coins mar. tête de nègre, dos orné, 4 fil., t. dor., n. rog. (*Champs*).

Grand papier de Hollande. Exemplaire imprimé pour la bibliothèque de M. le comte Octave de Béhague.

272. LIVET (Ch.-L.). Les Intrigues de Molière. *Paris, Liseux*, 1877. In-8, port. gr. par Hanriot, dem.-rel. mar. brun, larges mors., t. dor. n. rog. (*Champs*).

Grand papier de Hollande : n° 63. — Portrait en double état ; avant et avec la lettre.

273. LIVRE (Le) des Têtes de bois. *Paris, Charpentier,* 1883, In-8, dos et coins mar. chaudron, dos sans nerfs, mosaïque mar. vert, t. dor., n. rog. (*Champs*).

Papier Whatman : n° 32. — Eaux-fortes en double épreuve, avant toute lettre, sur Japon et sur Hollande. (La table n'en indique que 15, mais il y en a 16).

Couverture illustrée.

274. LIVRE (Le) noir de messieurs Delavau et Franchet, ou répertoire alphabétique de la police politique sous le ministère déplorable, précédé d'une introduction par M. Aunée. *Paris, Moutardier,* 1829. 4 vol. in-8 br.

275. LOISELEUR (Jules). Les points obscurs de la vie de Molière. *Paris, Liseux,* 1877. In-8, port. gr. par Lalauze, dem.-rel. mar. bleu foncé, t. dor., n. rog. (*Champs*).

Grand papier de Hollande : n° 152. — Portrait en double état, avant la lettre, sig. à la pointe et avec la lettre.

Avec une lettre autographe de P. Lacroix à l'éditeur, datée du 20 décembre 1876, relative au portrait de Molière, gravé dans ce volume, et se terminant par ces mots : « Je vous engage à une grande réserve dans vos publications, car le tribunal, qui vient de condamner l'éditeur d'Alosie a pris la mouche et non une mouche à miel. »

276. LONGUS. Les Amours pastorales de Daphnis et de Chloé, traduites par Jacques Amyot, etc... *Paris, Lemerre,* 1872. In-18, front. de Boilvin, dos et coins mar. bleu, dos orné, mosaïque de mar. citron et rouge, t. dor., n. rog. (*Champs*).

Papier Whatman : n° 24. — Frontispice en double état (quadruple épreuve); avant les noms du graveur et de l'imprimeur et la date 1872, sur Chine, et avec toutes les lettres sur Hollande teinté, sur Whatman et sur Chine monté.

Fig. ajoutées : 1° 6 fig. gr. à l'eau-forte, par Boilvin, d'après Prud'hon, avant toute lettre, sur Hollande teinté.

2° Le Bain, gr. par Roger, d'après Prud'hon, avant la lettre, noms des artistes imprimés.

3° Une figure gr. par Larcher, d'après Dejuine, en triple état : eau-forte pure, avant la la lettre, sig. à la pointe et avec la lettre.

4° Portrait de P.-L. Courier, gr. par Monziès ; avant la lettre, sig. à la pointe, sur Chine.

5° Fac-simile de la tache d'encre.

En tout, 16 pièces.

277. LORET (J.). La Muze historique. Nouvelle édition par MM. J. Ravenel, Ed.-V. de la Pelouze et Ch.-L. Livet. *Paris, Jannet et Daffis,* 1877-78. 4 vol. gr. in-8, port. par Nanteuil, br.

Papier vélin fort. — Portrait sur Japon. Avec « Index alphabétique des noms. *Paris, Champion,* 1891. »

278. LORRIS (Guillaume de) et Jean de MEUNG. Le Roman de la Rose. Édition accompagnée d'une traduction en vers par Pierre Marteau (Jules Croissandeau). *Orléans, H. Herluison,* 1878-1880. 5 vol. in-16, fig. d'après l'édition de Jean Dupré, br.

Un des douze exemplaires imprimés sur papier Whatman.

279. LOTI (Pierre). Le Roman d'un enfant. *Paris, Lévy,* 1890. In-18, cart. dos et coins toile bleue, n. rog. (*Carayon*).

Papier de Hollande. n° 11. — Edition originale.
Couverture.

280. LOUANDRE (Charles). Chefs-d'œuvre des conteurs français. *Paris, Charpentier,* 1873-74. 3 vol. in-18, cart. dos et coins toile rouge brique, n. rog. (*Carayon*).

Papier de Hollande.

281. LOUVET DE COUVRAY. Amours du chevalier de Faublas. *Paris, chez tous les libraires,* 1884. 4 vol. in-16, fig. gr. par Champollion d'après Marillier, dos et coins mar. vert à long grains, dos long orné, t. dor., non rog. (*Canape-Belz*).

Grand papier de Chine. — Figures avant la lettre.

282. LOVENJOUL (le Vicomte de Spoelberch de). Histoire des œuvres de Balzac. Deuxième édition revue, corrigée et augmentée d'un appendice. *Paris, C. Lévy,* 1886. Gr. in-8. — BARRIÈRE (Marcel). L'œuvre de Balzac. *Id.* 1890. Gr. in-8, ens. 2 vol. br.

Exemplaires sur papier de Hollande.

283. LUCIEN. Œuvres, de la Traduction de N. Perrot Sr. d'Ablancourt. *Amsterdam, chez Pierre Mortier,* 1709. 2 vol. petit in-8, front. et fig. mar. rouge, dos orné, fil. sur les plats, t. dor. (*Reliure ancienne*).

Avec 3 feuillets manuscrits : tome I, p. 484 et tome II, p. 48., contenant la traduction de passages libres supprimés dans l'ouvrage.
Exemplaire de la vente de Béhague.

284. MACHIAVEL. La Mandragore, comédie. Traduction nouvelle et littérale par Alcide Bonneau. *Paris, Liseux,* 1887. In-16, cart. dem.-rel. vélin blanc, non rog. (*Carayon*).

Imprimé à 250 exempl.

285. MAINTENON (Madame de). Mémoires et lettres, publiés par M. de La Beaumelle. Nouvelle édition. *Maestricht,* 1789. 16 tomes

en 8 volumes, in-12, demi veau fauve, fil. à froid t. dor., n. rog. cart. (*Ruban*).

Joli exemplaire.

286. MAIZEROY (René). Deux amies. *Paris, Havard*, 1885. In-18, cart. dos et coins toile bleue, non rog. (*Carayon*).

Papier de Hollande. — Edition originale.
Couverture.

287. MANUSCRIT trouvé à la Bastille concernant les lettres de cachet lancées contre mademoiselle de Chantilly et M. Favart par le maréchal de Saxe. *Bruxelles*, 1768 (1868). Pet. in-8, front. gr. par Rajon, d'après Boucher, dem.-rel. mar. r., n. rog.

Grand papier de Hollande : n° 10. — Frontispice avant toute lettre, sur Chine.

288. MARCHAND (Etienne). Voyage autour du monde pendant les années 1790, 1791 et 1792. *Paris*, an VI an VIII. 5 vol. gr. in-8, et Atlas in-4, Cart. bradel, n. rog. (*Cart. de l'époque*).

Grand papier vélin.

289. MARGUERITE DE NAVARRE. L'Heptaméron. *Paris, Liseux*, 1879. 3 tom. en 2 vol. in-18, port. et fig. de Sahib gr. par Prunaire, dos et coins mar. bleu foncé, dos orné, t. dor., n. rog. (*Canape*).

Papier de Chine. Exemplaire d'éditeur.

290. MARIAGE (Du) par un philosophe du XVIIIe siècle. *Paris, Rouveyre*, 1877. In-18, papier vergé, cart. satin broché, n. rog. (*Carayon*).

291. MARIE DE FRANCE. Poésies. *Paris, Chassériau*, 1820. 2 vol. in-8, Front. de Chasselat gr. par Ad. Godefroy. Dem.-rel., veau bleu foncé, dos long gauffré, fers à la cathédrale, non rog. (*Thouvenin.*)

Papier vélin. — Frontispices avant la lettre.

292. MAROT (Clément). Œuvres complètes. *Paris, Rapilly*, 1824. 3 vol. in-8, port. gr. par Bonvoisin, dos et coins mar. rouge à grains longs, dos orné, t. dor., n. rog. (*Reliure de Ruban dans le goût de l'époque*).

Grand papier vélin. — Portrait en double épreuve, avant la lettre, sur blanc et sur Chine monté. Portrait ajouté, gr. par Dequevauvillers d'après Laguiche, avant la lettre, sig. à la pointe, sur Chine monté.

Exemplaire lavé et encollé.

293. MARTIAL (M. V.). Epigrammes. Traduction nouvelle et complète par feu E. T. Siman. *Paris, Guitel,* 1819. 3 vol. in-8, dem.-chag. bleu, t. dor., n. rog.

Exemplaire bien complet avec la dernière feuille du tome III, sig. 43 sans pagination, contenant les variantes, les révisions du texte et les 8 p. rectificatives aux Imitations d'Eloi Johanneau.
Mouillure au tome III.

294. MARTIAL. Toutes les Epigrammes de Martial en latin et en français, distribuées dans un nouvel ordre, etc... par M. B***. *Paris,* 1842-43. 3 vol. in-8, dos et coins veau fauve, dos orné, t. dor., n. rog. (*David*).

Édition rare avec notes, éclaircissements et commentaires des plus copieux. Le tome III est entièrement consacré aux épigrammes libres et forme à lui seul un véritable manuel d'Erotologie classique.
Exemplaire lavé et encollé. Couvertures.

295. MASSIMI (Pacifico.). Hecatelegium. Littéralement traduit pour la première fois, texte latin en regard. *Imprimé à cent-vingt exemplaires pour Isidore Liseux et ses amis,* 1885. Gr. in-8, br.

Exemplaire nº 104.

296. MASUCCIO. Nouvelles choisies. Littéralement traduites pour la première fois par Alcide Bonneau. *Paris, Liseux,* 1890. In-8, cart. dem.-rel. vélin blanc, n. rog. (*Carayon*).

297. MAUCROIX. Œuvres diverses. *Paris, chez l'éditeur et chez J. Techener,* 1854. 2 vol. in-8, dem.-rel. veau fauve, dos orné, t. dor., n. rog. (*Ruban*).

Grand papier de Hollande.

298. MAUPASSANT (G. de). Mlle Fifi. Nouveaux contes. *Paris, Havard,* 1883. In-18, cart. dos et c. toile bleue, n. rog. (*Carayon*).

Papier de Hollande. — Édition originale.
Couverture.

299. MAUPASSANT (G. de). Des vers. *Paris, Havard,* 1884. In-12, port. gr. par Le Rat, vig. cart. dos et coins mar. gris, à toutes marges. (*Carayon*).

Papier Whatman, nº 32. — Portrait avant la lettre, sig. à la pointe.
Couverture.

300. MAUPASSANT (G. de). Au soleil. *Paris, Havard,* 1884. In-18, cart. dos et coins toile bleue, n. rog. (*Carayon*).

Papier de Hollande. — Édition originale.
Couverture.

301. MAUPASSANT (G. de). Les Sœurs Rondoli. *Paris, Ollendorf*, 1884. In-18, cart. dos et coins toile bleue, n. r. (*Carayon*).

Papier de Hollande : n° 49. — Édition originale.
Couverture.

302. MAUPASSANT (G. de). Yvette. *Paris, Havard*, 1885. In-18, cart. dos et coins toile bleue, n. r. (*Carayon*).

Papier de Hollande. — Édition originale.
Couverture.

303. MAUPASSANT (G. de). Contes du jour et de la nuit. *Paris, C. Marpon, s. d.* (1885). In-18, front. et vig. de Cousturier, cart. dos et coins toile bleue, non rog. (*Carayon*).

Papier de Hollande : n° 31. — Édition originale.
Couverture illustrée.

304. MAUPASSANT (G. de). Toine. *Paris, C. Marpon*, 1885. Front. et vig. de Mesplès, in-18, cart. dos et coins toile bleue, n. rog. (*Carayon*).

Papier de Hollande : n° 60. — Édition originale.
Couverture illustrée.

305. MAUPASSANT (G. de). Bel-Ami. *Paris, Havard*, 1885. In-18, cart. dos et coins toile bleue, n. r. (*Carayon*).

Papier de Hollande. — Édition originale.
Couverture.

306. MAUPASSANT (G. de). La Petite Roque. *Paris, Havard*, 1886. In-18, cart. dos et c. toile bleue, n. r. (*Carayon*).

Papier de Hollande. — Édition originale.
Couverture.

307. MAUPASSANT (G. de). Mont-Oriol. *Paris Havard*, 1887. In-12, cart. dos et c. toile bleue, n. r. (*Carayon*).

Papier de Hollande. — Édition originale.
Couverture.

308. MAUPASSANT (G. de). La Maison Tellier, nouvelle édition augmentée. *Paris, Paul Ollendorf*, 1891. In-18, cart. dos et coins toile bleu, n. rog. (*Carayon*).

Papier de Hollande : n° 46.
Couverture.

309. (MAZOIS). Le Palais de Scaurus, etc..., seconde édition. *Paris, Didot*, 1822. In-4, fig. et plans, dos et coins mar. rouge, dos orné, t. dor., n. rog. (*Ottmann-Duplanil*).

Grand papier vélin.

310. (MEISTER). Souvenirs de mes voyages en Angleterre. *A Zuric et Paris*, 1795, 2 vol. in-8, dos et coins mar. brun foncé à longs grains, dos orné, n. rog. (*Rel. de Canape dans le goût de l'époque*).

Grand papier vert-d'eau.

311. MÉNARD (René). La Mythologie dans l'art ancien et moderne. *Paris, Delagrave*, 1878. In-8, fig. et vig., dos et coins mar. rouge foncé, dos orné à petits fers, t. dor., n. rog. (*Champs*).

Papier de Hollande : n° 25. Couvertures.

312. MENDÈS (Catulle). Les Boudoirs de verre. *Paris, Ollendorf*, (1884). — Jeunes filles. *Paris, Havard, s. d.* (1884). — Jupe courte. *Id., id.*, 1885. — Lesbia. *Paris, M. de Brunhoff*, 1886. — Zo'har. *Paris, Charpentier*, 1886. Ens. 5 vol. in-12, cart. d.-r. toile grise, non rog. (*Carayon*).

Papier de Hollande. Éditions originales, couvertures.

313. MENDÈS (C). Le Roman d'une Nuit. *Paris, Doucé*, 1883. Front. de Rops, in-16, cart. dem.-rel., mar. grenat, larg. mors., n. rog. (*Carayon*).

Couverture conservée.

314. MENDÈS (Catulle). Tous les Baisers. *Chez tous les libraires*, 1884-85. 6 fascicules in-32, eaux-fortes en couleur de Besnier, cart. papier japonais, n. rog. (*Carayon*).

Couvertures des fascicules conservées.

315. MENDÈS (Catulle). Poésies. *Paris, Charpentier*, 1892. 3 vol. in-18, port. gr. par Desmoulins, br.

Papier de Hollande ; tome troisième en édition originale.

316. MÉRAY (Antony). La Vie au temps des Cours d'Amour. *Paris, A. Claudin*, 1876. 1 vol. — La Vie au temps des Libres Prêcheurs. *Paris, A. Claudin*, 1878. Front. 2 vol. — Ens. 3 vol. in-8, br.

Grand papier de Hollande.

317. MERLIN (La comtesse). Histoire de la Sœur Inès, 1832. In-12, dos et coins mar. bleu foncé à longs grains, dos long orné, t. dor., n. rog. (*Canape-Belz*).

Grand papier vélin.

Dédicace autographe sur le faux-titre : « A Monsieur le Général Gourgaud, de la part de l'auteur. »

318. MERMEIX. Les Coulisses du Boulangisme. *Paris, Cerf*, 1890. In-18, cart, dos et coins toile rouge, n. rog. (*Carayon*).

Papier de Hollande : n° 27. Couverture.

319. MICHEL (Francisque). Études de Philologie comparée sur l'Argot. *Paris, Didot,* 1856. Gr. in-8, dos et coins mar. chaudron, dos orné, t. dor., n. rog. (*Ruban*).

Papier vélin fort.
Exemplaire lavé et encollé.

320. MICHELET (J.). Histoire de la Révolution. *Paris, Lemerre,* 1888. 9 vol. in-18, br.

Papier vergé.

321. MILLE ET UNE NUITS (Les). Contes arabes traduits en franduits en français par Galland. Nouvelle édition revue et augmentée par M. Destains. *Paris, Galliot,* 1822-25. 6 vol. gr. in-8, fig. de Westall, gr. par Finden, Robinson et Wall, dos et coins mar. bleu foncé à longs gr., dos long orné, t. dor., n. rog. (*Reliure de Champs dans le goût de l'époque*).

Grand papier de Hollande. — Figures avant la lettre sur Chine monté.

Avec le portrait de Galland gr. par Morel, d'après Rigaud, en double état : eau-forte avancée sur blanc et avec la lettre sur Chine monté, ajouté.

Brunet n'indique que le tirage en grand papier vélin. Exemplaire lavé et encollé.

322. MILLIN (Aubin-Louis). Voyage dans les départements du midi de la France. *Paris, Impr. Imp.,* 1807-1811. 4 vol. in-8, et atlas. Demi-rel. veau fauve, fil., n. rog. (*cart. de l'époque*).

Grand papier vélin.
Double titre pour la division du tome IV.

323. MISTRAL (Frédéric). Nerte, nouvelle provençale. Texte et traduction. *Paris, Hachette,* 1884. In-8, front. cart. papier japonais, n. rog. (*Carayon*).

Papier du Japon, n° 27. Édition originale.
Couverture.

324. MISTRAL (Frédéric). Œuvres. (Mireille. — Calendal. — Les Iles d'or.) Texte et traduction. *Paris, Lemerre,* 1886-89. 3 vol. in-8, portr. gr. par Monziès, dos et coins mar. bleu, dos orné, t. dor., n. rog. (*Champs.*)

Papier de Hollande, n° 17. — Portrait en double épreuve avant la lettre, signature à la pointe, noir et bistre.

325. MOLAND (Louis). Molière, sa vie et ses ouvrages. *Paris, Garnier,* 1887. In-8, front., fig. et vig. de Poirson, dos et coins chag. poli bleu foncé, dos orné, t. dor., n. rog. (*Champs.*)

Un des dix exemplaires imprimés sur papier Whatman.

326. **MOLIÈRE.** Œuvres complètes. *Paris, imprimerie nationale,* 1878. 5 vol. in-4, dos et coins, mar. rouge, dos orné en plein, fers azurés, t. dor., n. rog. (*Champs*).

Figures ajoutées : 1° 3 portraits, 2 fleurons et 33 figures de Boucher, réd. et gr. à l'eau-forte par T. de Mare, avant la lettre, signat. au crayon, bistre sur Japon, plus l'eau-forte pure des 3 portraits sur Japon.

2° 1 portrait, 1 frontispice et 5 fig. de Coypel, réd. et gr. à l'eau-forte par T. de Mare en triple état, signature au crayon, eau-forte pure sur Hollande; avant la lettre en bistre sur Japon et avant la lettre sur Hollande, plus le frontispice en grand format avec la dédicace en double état, avant et avec la lettre sur Hollande.

3° 1 portrait et 49 vignettes, tête de page de Foulquier sur Chine.

4° 1 titre, 1 frontispice et 34 figures d'Edmond Hédouin en double état, épreuves d'artiste avant l'encadrement, signature au crayon sur papier du Marais et avec la lettre sur le même papier.

5° 1 portrait et 33 figures de Lalauze avant la lettre et le nom de Molière sur la tablette du portrait, sur Chine.

6° 1 portrait et 31 figures de Leloir, gravé à l'eau-forte par Flameng, avant la lettre sur Hollande.

7° 1 portrait et 33 figures de Staal gr. sur acier par Audibrand, Delannoy, etc... avant toute lettre sur Chine monté.

8° 6 figures et 6 culs-de-lampe pour Psyché, gr. à l'eau-forte par Champollion avant la lettre sur Hollande.

9° Portrait de Molière d'après Le Brun, gr. à l'eau-forte par Lalauze, avant la lettre sur Hollande.

10° Portrait de Molière d'après Mignard, gr. à l'eau-forte par Lalauze, avant la lettre sur Hollande.

En tout : 17 portraits et 283 figures.

327. MOLIÈRE. Œuvres. Nouvelle édition par MM. Eugène Despois et Paul Mesnard. *Paris, Hachette et Cie*, 1873-1889. 10 vol. gr. in-8 br.

Grand papier vélin.

Tout ce qui a paru comprenant le texte complet et la notice biographique.

De la collection des « Grands Écrivains de la France. »

328. MONITEUR DU BIBLIOPHILE (Le). Gazette littéraire, anecdotique et curieuse. *Paris, le Moniteur du Bibliophile*, 1878-1880. 3 vol. pet. in-4, dos et coins, mar. grenat, t. dor., n. rog. (*Carayon*).

Collection complète (1er mars 1878-1er février 1881) avec toutes les « Publications spéciales » réunies à la fin de chaque volume,

Couvertures des livraisons conservées.

329. MONNIER (Henry). Les Bas-fonds de la Société. Édition minuscule tirée à 64 exemplaires. *Paris, s. d.* In-24, fig. de Rops,

dos et coins mar. vert à longs grains, dos orné, t. dor., n. rog. (*Canape*).

Les 8 dessins à la plume de F. Rops sont tirés en sanguine sur Chine collé.

330. MONSELET (Charles). Restif de la Bretonne, sa vie et ses amours. *Paris, Aubry*, 1858. In-12, port. gr. par Nargeot, fac-simile, dos et coins mar. vert, dos orné, t. dor., n. rog.

Un des vingt exemplaires imprimés sur *papier vélin rose*. Portrait en double état, eau-forte sur blanc et avant toute lettre sur Chine monté.
C'est, avec un nouveau titre, l'édition parue en 1854 chez Alvarez fils.
Ex-libris : Charles Cousin.

331. MONTAIGNE. Les Essais, accompagnés d'une notice sur sa vie et ses ouvrages, variantes notes, tables et glossaire par E. Courbet et Ch. Royer. *Paris, Lemerre*, 1872-77. 4 vol. in-8 br.

Grand papier de Hollande. — Lettres initiales rubriquées.

332. MONTIFAUD (Marc de). Madame Ducroisy. *Paris*, 1879. In-18, cart. papier japonais, n. rog. (*Carayon*).

Papier de Hollande. Édition originale.
Couverture conservée.

333. MUNTZ (Eugène). Raphaël, sa vie, son œuvre et son temps. *Paris, Hachette et Cie*, 1881. In-4, en feuilles dans un carton, fig. et vig.

Grand papier de Chine, n° 18.

334. **MUSSET** (Alfred de). Œuvres complètes. *Paris, Lemerre*, 1876. Port., 10 vol. — Musset (Paul de). Biographie de Alfred de Musset. *Paris, Lemerre*, 1877. Port., un vol. — Musset (Paul de). Lui et Elle. *Paris, Lemerre*, 1885. 1 vol. — Ensemble : 12 vol. in-18, dos et coins mar. bleu hussard, dos ornés en plein mosaïque et fers pointillés, milieux de mar. rouge, t. dor., n. rog. (*David*).

Papier Whatman. Portraits en double épreuve, avant la lettre, signature à la pointe, sanguine et noir.
Figures ajoutées : 1° Suite des 42 figures de H. Pille gr. à à l'eau-forte par L. Monziès, en triple état: épreuves de remarque avant l'aciérage sur Japon avant la lettre, sanguine, sur Chine et avec la lettre sur Hollande.
2° Frontispice de Rops en triple épreuve avant toute lettre, noir et sanguine sur Chine et noir sur Hollande.
3° Portrait gr. par L. Chabounel d'après la statue de P. Granet, avant la lettre, signature à la pointe, sur Hollande.
4° Portrait gr. par Lessore avant toute lettre sur Hollande.

5° Portrait de P. de Musset, gr. par Martinez, avant la lettre, signature à la pointe, sur Chine.

5° Portrait de George Sand gr. par Desboutins, avant toute lettre sur Hollande.

En tout 14 portraits et 129 figures.

Couvertures conservées.

335. NAIGEON (J.-A.) Mémoires historiques et philosophiques sur la vie et les ouvrages de D. Diderot. *Paris, J. Brière*, 1821. Gr. in-8, port. gr. par Bertonnier, dem.-rel. cuir de Russie, orn. dorés et à froid, n. rog. (*Simier, relieur du Roi*).

Grand papier vélin. Portrait avant la lettre, tablette blanche. Piqûres.

336. NAPOLÉON. Lettres de Napoléon à Joséphine, etc... *Paris, Didot frères*, 1833. 2 tom. en un vol. in-8, port. lith. par Eugénie Lebrun et fac-simile, dos et coins mar. bleu foncé à longs grains, dos orné, fil., t. dor., n. rog. (*Rel. de Ruban dans le goût de l'époque*).

Grand papier vélin rose de J. Whatman. Portrait avant la lettre. Portrait de Joséphine, lithographie avant toute lettre, cadre rond (Isabey), ajouté.

Couvertures conservées.

337. NISARD (Charles). Des Chansons populaires chez les anciens et chez les Français. *Paris, Dentu*, 1867. 2 vol. in-18, front., cart. dos et coins toile bleu hussard, n. rog. (*Carayon*).

Papier de Hollande. Édition originale.

338. NUITTER (Charles). Le nouvel Opéra. *Paris, Hachette*, 1875. In-8, port., fig., vig. et plans, cart. papier cuir japonais, n. rog. (*Carayon*).

Papier de Chine.

339. OLIVIER (Jacques). Alphabet de l'Imperfection et Malice des Femmes. *Paris, Barraud*, 1876. Gr. in-8, fig. et vig. de Gilbert, gr. par Cattelain, br.

Grand papier Whatman.

Figures avant la lettre sur Chine monté.

340. OPPENHEIM (Ancel). Connaissances nécessaires à un amateur d'objets d'art et de curiosités. *Paris, Rouveyre*, 1879. In-8, dos et coins mar. brun, dos long orné, tr. dor., n. rog. (*Canape-Belz*).

Papier teinté de Renage. Couverture.

341. ORLÉANS (Charles d'). Les Poésies du duc Charles d'Orléans. *Paris, J. Belin-Leprieur*, 1842. In-8, dos et coins mar. lavallière

à longs grains, dos sans nerfs, fers gothiques, t. dor., n. rog. *(Rel. de Canape dans le goût de l'époque).*

Grand papier vélin fin. Tiré à petit nombre dans ce format.

342. ORLÉANS (Madame, duchesse d'). Correspondance, traduction et notes par Ernest Jaeglé. Deuxième édition revue et augmentée. *Paris, Bouillon,* 1890. 3 vol. in-8, port. en héliog., br.

Grand papier de Hollande.

343. OSSIAN. Poésies galliques, traduites de l'anglois de M. Macpherson par M. Le Tourneur. *Paris, Musier,* 1777. 2 tom. en un vol, in-8, veau racine, dos orné, larg. encad. sur les plats, dent. et bande de palm. de dif. teintes, tr. dor. (*Bozérian*).

Exempl. de Pixérécourt.

344. PARIS-LONDRES. Keepsake français, 1837, 1838, 1839, 1840-41, 1842. *Paris, Delloye, Desmé et Cie, et à la librairie Delloye,* 1837-1842. 5 vol. in-8, front. et fig. gr. sur acier, papier parchemin, n. rog. (*Raparlier*).

Collection complète. — En tout : 5 titres gravés, frontispices et 125 figures sans la lettre, noms des artistes imprimés.

Exemplaire de M. Eugène Paillet (nº 398 du catalogue).

345. PARNASSE (Le) satyrique du dix-neuvième siècle, etc., suivi du Nouveau Parnasse, satyrique. *Bruxelles, Kistemaeckers,* 1881. Front. de Rops et de Chauvet, 3 vol. in-8, dos et coins mar. rouge à longs grains, dos sans nerfs orné, t. dor., n. rog. (*Canape*).

Édition augmentée et complétée, tirée à 175 ex. sur papier vergé teinté.

Doubles épreuves des frontispices, noir et sanguine sur Chine.

Avec une lettre autographe de l'éditeur à la fin du tome III.

346. PARNY. Œuvres complètes. *Bruxelles, Wahlen et Comp.,* 1824. 2 tom. en un vol. in-8, port. et vig. de titre, dos et coins mar. violet à longs grains, dos orné, tr. dor., n. rog., (*Rel. de Ruban dans le goût de l'époque*).

Papier jonquille.

Port. lith. avant toute lettre sur blanc.

347. PARNY. Œuvres choisies. *Paris, Lefèvre,* 1827. Port. gr. par A. Tardieu, d'après J. Isabey, gr. in-8, dem.-mar. bleu à longs grains, gauf., fil. d'encad., n. rog. (*Simier, rel. du Roi*).

Grand papier vélin. — Portrait avant la lettre, sur Chine monté.

348. PASCAL. Pensées. *Tours, Mame,* 1873. Gr. in-8, br.

Papier vergé. — Portrait gravé par Foulquier, avant la lettre.

349. PELLASSY DE L'OUSLE. Histoire du Palais de Compiègne, *Paris, Imp. Imp.*, 1862. In-4, front., fig., vig., plans et fac-simile, dos et coins mar. vert, dos orné mosaïque, milieux aigle impérial et angles de mar. rouge, t. dor. n, rog. (*Champs*).

Papier vélin. — Les planches hors texte (figures et plans), sur Chine monté.

Couverture conservée.

350. PERSE. Satires traduites en français par Sélis. Nouvelle édition par N.-L. Achaintre. *Paris, Dalibon*, 1827. Front. de Devéria, in-8, dos et coins mar. citron, t. dor., n. rog. (*Rel. de l'époque*).

Grand papier vélin. Frontispice avant toute lettre, sur Chine monté.

351. PETITE COLLECTION ELZÉVIRIENNE. *Paris, Liseux*, 1875-1883. 68 vol. in-18 brochés.

Collection complète. — Papier vergé, titre rouge et noir, caractères elzéviriens, couvertures papier parchemin.

A. Théologie, etc... : Luther : *La Conférence entre Luther et le Diable.* — Hutten : *Julius.* — de Bèze : *Passavent.* — *Passevent parisien.* — Sinistrari : *De la Démonialité.* — *Les Ecclésiastiques de France.* — Valla : *La Donation de Constantin.* — Sinistrari : *de Sodomia.* — En tout 8 vol.

B. Philosophie, etc... Estienne : *La Foire de Francfort.* — Le Vayer : *Soliloques.* — *Remonstrance aux Français.* — Pogge : *Les Bains de Bade.* — Gesner : *Socrate et l'amour grec.* — Hutten : *Arminius.* — Pogge : *Un vieillard doit-il se marier?* — Erasme : *La Civilité puérile.* — Tacite : *La Germanie.* — Jehan de Brie : *Le bon Berger.* — En tout 10 vol.

C. Poésie: du Bellay : *Jeux rustiques.* — du Bellay : *Les Regrets.* — Bonnefous : *La Pancharis.* — Boulmier : *Villanelles.* — de Bèze : *Juvenilia.* — En tout 5 vol.

D. Contes et Nouvelles : Denon : *Point de lendemain.* — Aristenet : *Épistres amoureuses.* — Favre : *Histoire de Jean l'ont pris.* — Pogge : *Facéties.* 2 vol. — Casti : *La Papesse.* — Boccace : *Le Décaméron.* 6 vol. — Marguerite de Navarre : *Heptaméron.* 3 vol. — Voisenon : *Contes.* — Crébillon fils : *La Nuit et le Moment.* — Sacchetti : *Nouvelles choisies.* — Bandello : *Nouvelles.* 2 vol. — Aretino : *Dialogues.* 6 vol. — Arioste : *Roland furieux*, 3 vol. — Firenzuola : *Nouvelles.* — *Les Heures perdues d'un cavalier françois.* — Crébillon fils : *Le Hasard du coin du feu.* — Chorier : *Les Dialogues de Luisa Sigea.* 4 vol. — Giovanni Fiorentino : *Nouvelles choisies.* — Le Lasca : *Soupers.* 2 vol. En tout 39 vol.

E. Philologie, etc... : Le Vayer : *Hexaméron rustique.* — Naudé : *Advis pour dresser une bibliothèque.* — *Les Intrigues de Molière.* — Grimarest : *Vie de Molière.* — *Molière jugé par ses contemporains.* — *Elomire hypocondre.* — En tout 6 vol.

352. PETITS (Les) Chefs-d'œuvre. *Paris, librairie des Bibliophiles*, 1872-1891. 55 vol. in-16, br.

Collection complète. — Papier vergé, titres rouge et noir.

Voyage autour de ma chambre. — Turcaret. — Le Méchant. — Vert-Vert. — La Servitude volontaire. — Contes d'Hamilton, 4 vol. — Voyage de Chapelle et de Bachaumont. — L'Art d'aimer. — Le Temple de Gnide. — Le Neveu de Rameau. — Voyage en Laponie. — La Chaumière indienne. — Lettres portugaises. — La Farce de Pathelin. — La Gastronomie. — La Métromanie. — Le Diable amoureux. — La Dot de Suzette. — Mémoires de Perrault. — Lettres de Mlle Aïssé. — Ourika. — Edouard. — Madrigaux de La Sablière. — Adolphe. — Clavijo. — Le philosophe sans le savoir. — Mademoiselle de Clermont. — Contes et poésies d'Hég. Moreau. — Chansons d'Hég. Moreau. — Réflexions sur le Divorce. — Discours sur les passions de l'Amour. — Conseils à une Amie. — Œuvres choisies de Gilbert. — Rêveries d'un promeneur solitaire. — Mémoires d'un jeune Espagnol. — Le Glorieux. — La Coupe enchantée. — Est-il bon ? Est-il méchant ? — Fables de Fénelon. — Mademoiselle de Combes. — Les Matinées du Roi de Prusse. — La Chercheuse d'esprit. — Lettres du prince de Ligne à la M[ise] de Coigny. — Mémoires de Voltaire. — Le Cercle. — Discours de la Méthode. — Œuvres choisies de Dorat. — Du Contrat social. — La Surprise de l'Amour. — Paroles d'un Croyant. — Anecdotes sur le maréchal de Richelieu. — Œuvres choisies du chevalier de Bonnard.

353. PÉTRONE. Satire de Pétrone, chevalier romain. Nouvelle traduction par le citoyen D***** (Durand) *Paris et Avignon*, 1803. 2 vol. in-8, veau fauve, dos orné, dent. sur les plats, tr. dor. (*Rel. anc.*).

Papier vélin.

354. PEYRE (Roger). Napoléon Ier et son temps. *Paris, Didot et Cie*, 1888. In-4, dos et coins mar. vert foncé, dos composé de 2 larges nerfs, gr. milieu à comp. de fil., avec attributs de l'Empire, t. dor., n. rog. (*Champs*).

Papier du Japon, n° 43.

Chromolithographies, figures en noir et en couleur. Couverture.

355. PICCOLOMINI (Alessandro). La Raffaëlla, traduction nouvelle, texte italien en regard par Alcide Bonneau. *Paris, Liseux*, 1884. In-16, cart., dos et coins vélin blanc, n. rog. (*Carayon*).

Imprimé à 150 exemplaires.

356. PICHON (Ludovic). Le Roi des Ribauds. *Paris, Claudin*, 1878. In-8, dem.-rel., chag. poli brun, t. dor. n. rog. (*Champs*).

Grand papier de Hollande, n° 52.

357. PIÉDAGNEL (Alexandre). Jadis, souvenirs et fantaisies. *Paris, Liseux*, 1886. Gr. in-8, br.

Papier du Japon, n° 41. — Figures en triple état (avant toute lettre, noir et sanguine, et avec la lettre).

358. PIIS (de). Chansons nouvelles. *Paris, Defer de Maisonneuve, s. d.* (1785). *Rouquette et fils*, 1891. Port. gr. par Dubouchet, front. et fig. de Le Barbier gr. par Gaucher. In-18, dos et coins mar. rouge à longs grains, dos long orné, tr. dor., n. rog. (*Canape-Belz*).

Papier de Hollande, n° 3.— Fig. en double épreuve; noir et bistre. Prospectus et couverture en papier doré de l'époque conservés.

359. POGGE. Les Facéties, traduites en français avec le texte latin. Edition complète. *Paris, Liseux*, 1878. 2 vol. in-18, cart., dos et coins vélin blanc, n. rog. (*Carayon*).

360. POMPADOUR (Madame de). Correspondance avec son Père M. Poisson.... publiée pour la première fois par A.-P. Malassis. *Paris, J. Baur*, 1878. Gr. in-8, port. et vig., dos et coins mar. rouge, dos sans nerfs orné, t. dor., n. rog. (*Ruban*).

Grand papier de Chine. — Portraits en triple état : avant les filets d'encadrement, avec les filets et avec la lettre.
Couverture en couleur conservée.

361. PORTALIS (Le baron Roger). Les Dessinateurs d'illustrations au XVIIIe siècle. *Paris, Morgand*, 1877. 2 parties in-8, br.

Frontispice de J. Jacquemart.

362. PORTALIS (Le baron Roger) et BÉRALDI (Henri). Les graveurs du XVIIIe siècle. *Paris, Morgand*, 1880-82, 3 vol. in-8, br.

Avec les doubles titres à la fin de chaque volume.
Envoi autographe des éditeurs à M. Paul Lacroix.

363. PORTALIS (Baron Roger). Honoré Fragonard, sa vie et son œuvre. *Paris, J. Rothschild*. 1889. Gros vol. in-4, port., fig. et vig., dos et coins mar. bleu clair, dos orné à pet. fers, tête dor., n. rog. (*Ruban*).

Papier vélin du Marais à la forme : n° 49. — Eaux-fortes et planches sur cuivre en double état : avant et avec la lettre sur vélin et sur simili-japon, en noir et en couleur, et 2 extra-planches.
Doubles couvertures illustrées dont une en couleurs conservées.

364. PRÉVOST (L'abbé). Histoire de Manon Lescaut et du chevalier Des Grieux. *Paris, Glady frères*, 1875. In-8, port. et fig. de L. Flameng, port. d'A. Dumas, gr. par J. Jacquemart, dos et coins mar. orange, dos orné mosaïque de mar. bleu, t. dor., n. rog. (*Champs*).

Papier Turkey-Mill. — Figures en double état : avant la lettre sig. à la pointe et avec la lettre ajoutées.
Couverture conservée.

365. QUEVEDO-VILLEGAS. Histoire de Don Pablo de Ségovie. Traduite et annotée par A. Germond de Lavigne. *Paris, Warée,* 1843. In-8, front. et vig. de H. Emy, dos et coins mar. rouge, dos orné, t. dor., n. rog.

Grand papier vert-d'eau. — Premier tirage.

366. RABELAIS. Œuvres de Maître François Rabelais. *Amsterdam, H. Bordesius,* 1711. 5 tom. en 3 vol. Front., port., fig. et carte. In-8, mar. lavallière, fil. à froid, dent. int., tr. dor. (*David*).

Grand papier de Hollande.

367. RABELAIS. Œuvres. *Janet,* 1823. 3 vol. gr. in-8, dos et coins mar. rouge à longs grains, dos orné en plein, t. dor., n. rog. (*Muller*).

Grand papier vélin.

Suite des 76 figures de l'édition Bastien, épreuves avec les numéros, sur Chine monté, ajoutée.

368. RACINE. Théâtre. *Tours, Mame,* 1876-77. 2 vol. gr. in-8, br.

Papier vergé. — Portrait avant la lettre, vignettes de Barrias et Foulquier sur Chine collé.

369. RAGUEAU (François) et Eusèbe de LAURIÈRE. Glossaire du droit françois. *Niort, L. Favre,* 1882. In-4, dos et coins bas. brune, dos orné, t. marb., n. rog. (*Imit. de rel. anc.*).

Grand papier de Hollande.

370. RAMBACH (Carolus). Thesaurus eroticus linguæ latinæ, etc... *Stuttgartiæ, apud Paulum Neff,* 1833. In-8, dos et coins cuir de Russie, fil. à froid, t. dor., n. rog.

Contrefaçon de l'édition originale : *Paris, Dondey-Dupré,* 1826.

371. **RAYNOUARD**. Choix des Poésies originales des Troubadours. *Paris, Didot,* 1816-1821. 6 vol. — Lexique Roman. *Paris, Silvestre,* 1836-1844. 6 vol. Ensemble : 12 vol. in-8, dos et coins mar. rouge, t. dor., n. rog. (*David*).

Papier vélin.

Portrait de Raynouard, avant toute lettre, sur Chine monté (collection Dabo), ajouté.

Bel exemplaire.

372. RECUEIL dit de Maurepas. *Leyde,* 1865. 6 vol. in-16, dem.-rel., vélin blanc, n. rog. (*Carayon*).

Papier de Hollande : n° 39.

373. RECUEIL général des caquets de l'accouchée. Imprimé au temps de ne se plus fascher, 1625. (*Metz, chez Lecouteux*, 1847). Front., in-16, dos et coins mar. lavallière à longs grains, t. dor., n. rog. (*Canape-Belz*).

Papier de Hollande. — Tiré à 76 exemplaires.

374. REGNIER. Œuvres complètes. *Paris, Lemerre*, 1875. In-8, fac-simile, dos et coins mar. rouge, dos orné, t. dor., n. rog. (*Canape-Belz*).

Grand papier de Hollande : n° 17. — Lettres initiales, fleurons et culs-de-lampe rubriqués.

Portrait gr. par Bracquemond, sur Chine, ajouté.

375. RESTIF DE LA BRETONNE. Les Contemporaines. Choix des plus caractéristiques de ces nouvelles par J. Assézat. *Paris, Lemerre*, 1875-76. 3 vol. in-16, étuis.

Papier de Chine.

376. RESTIF DE LA BRETONNE. Monsieur Nicolas. *Paris, Liseux*, 1883. 14 vol. — La Vie de mon Père. *Paris, Liseux*, 1884. 1 vol. Ensemble 15 vol. in-8, dem.-rel., mar. brun, t. dor., n. rog. (*Champs*).

Papier de Hollande.

Portrait de Restif, gr. par Nargeot d'après Binet, sur Chine, ajouté.

377. RÉVÉREND DU MESNIL. La Famille de Molière et ses représentants actuels. *Paris, Liseux*, 1879. Planche d'armoiries. — Les Aïeux de Molière à Beauvais et à Paris. *Liseux*, 1879. Planche d'armoiries ; 2 ouv. en un vol. pet. in-8, dos et coins vélin blanc, n. rog. (*Carayon*).

378. REVUE des documents historiques, suite de pièces curieuses et inédites publiées par Étienne Charavay. *Paris*, 1873. 7 vol. in-8, fig. et fac-simile, dem.-chag. poli lavallière, n. rog. (*Champs*).

Collection complète.

379. RHOÏDIS (Emmanuel). La Papesse Jeanne. Roman historique. *Paris, Dreyfous*, 1878. In-18, port., cart., dos et coins toile rouge brique, n. rog. (*Carayon*).

Papier de Chine. — Portrait en double épreuve : noir et sanguine.

380. RIBBE (Charles de). L'Ancien Barreau du Parlement de Provence. *Marseille et Paris*, 1861. In-8, dem.-rel. mar. rouge, dos orné, n. rog.

Papier rose.

381. RICHARDSON. Clarisse Harlowe. Traduction nouvelle par Letourneur. *Paris, Lemarchand*, an X-an XI (1802-1803). 14 vol. in-18, fig. de Huot, gr. par Bovinet, dem.-mar. rouge, dos orné, larg. nerfs, n. rog. (*Thouvenin*),

Grand papier vélin. — Figures avant la lettre, sig. à la pointe.
Ex-libris : Charles Asselineau.

382. RICHEPIN (Jean). Le Cadet. *Paris, Charpentier et Cie*, 1890. In-18, cart. dos et coins toile grise, n. rog. (*Carayon*)

Papier de Hollande, nº 6. — Edition originale.
Couverture.

383. RIGAUD (Lucien). Dictionnaire des lieux communs. *Paris, Ollendorf*, 1881. — Dictionnaire d'argot moderne. *Paris, Ollendorf*, 1881. Ensemble : 2 vol. in-18, cart. dos et coins toile brun clair, n. rog. (*Carayon*).

Papier de Hollande. Couvertures.

384. RIVE (Un des élèves de l'abbé). La Chasse aux bibliographes et antiquaires mal-advisés. *Londres*, 1788-89. 2 tom. en un vol. in-8, mar. bleu foncé, fil. à froid, large dent. int., t. dor., n. rog. (*Niédrée*).

Papier de Hollande.

385. ROBERT (A.-C.-M.) Fables inédites des XIIe, XIIIe et XIVe siècles et Fables de La Fontaine, rapprochées de celles de tous les auteurs qui avaient, avant lui, traité les mêmes sujets. *Paris*, 1825. 2 vol. in-8, port. gr. par Cathelin, fig. et fac-simile, dos et coins, veau fauve, dos orné, fil. à froid, t. dor., n. rog. (*David*).

Papier vélin. — Portrait avant la lettre, tablette blanche.
Figures avec la lettre blanche.
Figures ajoutées : 1º 12 fig. de Moreau pour les Fables.
(Édition de 1822) avant la lettre sur Chine monté.
2º Portrait de La Fontaine, gr. par Bovinet d'après Desenne.
3º Portrait gr. sur acier par Bertonnier.
Épreuves avant la lettre, sig. à la pointe.

386. **ROMAN DU RENARD** (Le). Publié par M. D. Méon. *Paris, Treuttel et Wurtz*, 1826. 4 vol., fig. de Desenne gr. par Ashby. — Supplément, variantes et corrections, par P. Chabaille. *Paris, Silvestre*, 1835. 1 vol. fac-simile. — Les Romans du Renard, examinés, analysés et comparés, etc... Par M. A. Rothe. *Paris, J. Techener*, 1845. 1 vol. Ensemble : 6 vol. in-8, mar. rouge, fil., dent. int., tr. dor., les autres tranches dor. sur témoins. (*Niédrée*, 1846).

Grand papier de Hollande. — Figures en double état : eau-forte pure avant les fil. d'encadrement et avec la lettre blanche. — Fac-simile sur peau de vélin.

Bel exemplaire aux armes et chiffre du marquis de Coislin.

387. ROMAN (Le) en vers de Girart de Rossillon. Publié pour la première fois par Mignard. *Dijon*, 1858. Gr. in-8, fig. gr. par Digeon en fac-simile, br.

Grand papier de Hollande. — Figures sur chine monté dont 6 coloriées.

388. RONDEAUX et autres poésies du XVe siècle, publiés par Gaston Raynaud. *Paris, Didot*, 1889. In-8 br.

Papier Whatman.

De la « Société des Anciens Textes ».

389. RONSARD (P. de). Œuvres choisies. *Paris, Garnier*, 1879. Gr. in-8 br.

Papier de Hollande : n° 22. — Portrait avant toute lettre sur chine monté.

390. RONSARD (P. de). Œuvres inédites. *Paris, Aubry*, 1855. In-folio, port. et fac-simile, dos et coins toile grise, n. rog. (*Carayon*).

Grand papier de Hollande.

391. ROSALBA CARRIERA. Journal. Traduit et annoté par Alfred Sensier. *Paris, J. Techener*, 1865. In-8, cart. dos et coins toile bleue, n. rog. (*Carayon*).

Grand papier de Hollande.

Port. de Rosalba gr. par Lépicié, ajouté.

392. ROSSIGNOL (J.-P.) Vita scholastica. *Lutetiæ*, 1836. Gr. in-8, veau fauve, dos orné, fil. sur les plats, t. dor., n. rog.

Grand papier bleu.

Dédicace autographe en haut du titre.

393. ROUSSEAU (J.-B.) Œuvres choisies. *Paris, Jannet et Cotelle*, 1823. In-8, port. gr. par Dequevauviller, dos et coins mar. rouge, t. dor., n. rog. (*Ruban*).

Grand papier vélin. Portrait gr. sur acier par Hopwood, ajouté.

394. ROUSSEAU (J.-J.) Œuvres complètes. *Paris, A. Sautelet et et Cie*, 1826. In-8, dos et coins mar. vert à longs grains, fil., t. dor., n. rog. (*rel. de Ruban dans le goût de l'époque*).

Edition imprimée à deux colonnes avec des caractères très fins.

Figures ajoutées : 1° 2 port. et 40 fig. de Devéria, avant la lettre, sig. à la pointe sur chine.

2° Portrait gr. par Frilley d'après Desenne, en double état : eau-forte pure et avant la lettre, sig. à la pointe.
3° Portrait gr. sur acier par Hopwood, dans un cadre orné, sur chine. Exemplaire lavé et encollé.

395. ROUSSEAU (Jean-Jacques). Les Confessions. *Librairie artistique. Paris, H. Launette et Cie*, 1889. Fig. et vig. de Maurice Leloir, gr. par Abot, Boulard, Champollion, etc..., 2 tom. en livraisons in-4.

Avec les couvertures illustrées des 2 vol. imprimées en couleur. Prospectus ajouté.

396. ROUVEYRE (Édouard). Connaissances nécessaires à un bibliophile. Troisième édition, revue, corrigée et augmentée. *Paris, Rouveyre*, 1879-1880. 2 vol. in-8, planches, dos et coins mar. bleu, dos sans nerfs ornés, t. dor., n. rog. (*Canape-Belz*).

Papier Whatman : n° 55. Impression bicolore : bleu flore et rouge minéral. couvertures.

397. ROY (Jules). Turenne, sa vie, les institutions militaires de son temps. *Paris, Hurtrel*, 1884. In-4, fig., vig. et chromolith. en feuilles dans un carton.

Papier du Japon : n° 8.

398. RUTEBEUF. Œuvres complètes. *Paris, Pannier*, 1839. 2 vol. in-8, dos et coins mar. bleu, dos ornés, t. dor., n. rog. (*David*).

Un des vingt exemplaires imprimés sur papier de Hollande.

399. SADE (Marquis de). La Philosophie dans le Boudoir. *Amsterdam*, 1860. In-18, vélin blanc, doub. et gardes de papier japonais fantaisie. (*Carayon*).

400. SADE (De). Justine ou les Malheurs de la vertu. *Imprimé à cent cinquante exemplaires pour Isidore Liseux et ses amis*, 1884. Gr. in-8, dos et coins mar. Lavallière, dos orné sans nerfs, tr. dor., n. rog. (*Champs*).

Portrait allégorique gr. par H. Biberstein, sur chine monté, ajouté.

401. SAINTE-BEUVE (C. A.). Poésies complètes. *Paris, Lemerre*, 1879. 2 vol. in-18, port. gr. par Martinez, dos et coins mar. grenat, dos ornés, t. dor., non rog. (*Ruban*).

Papier de Hollande, n° 14. Portrait en double épreuve, avant la lettre, signature à la pointe, noir et sanguine.

402. SAINT-JULIEN. Les Courriers de la Fronde, revus et annotés par C. Moreau. *Paris, Jannet*, 1857. 2 vol. in-16, cart. de l'éditeur, n. rog.

Papier fort.
De la « Bibliothèque elzévirienne. »

403. SAINT-RÉAL. Conjuration des Espagnols contre la République de Venise. *Paris, Renouard, XI.* 1803. — Conjuration des Gracques. *Paris, Renouard, XI.* 1803. Ensemble : 2 ouv. en 1 vol. in-12, dem.-basane verte, non rogné. (*Anc. cart.*).

Papier vélin rose.

404. SAINT-SIMON. Mémoires, nouvelle édition par A. de Boislisle. *Paris, Hachette et Cie*, 1879-1891. 8 vol. gr. in-8, br.

Grand papier vélin.
Tout ce qui a paru ; de la collection des « Grands Écrivains de la France. »

405. SAINT-SURIN (Madame de). L'hôtel de Cluny au Moyen-Age. *Paris, chez J. Techener*, 1835. Pet. in-8, dos et coins vélin blanc, n. rog. (*Carayon*).

Papier jonquille.
Feuillet supplémentaire (p. 173-174) contenant les quatrains omis.

406. SAINT-VICTOR (J. B. de). Tableau historique et pittoresque de Paris. *Paris*, 1808-1809. 3 vol. in-4, fig., vig et plans, dos et coins veau vert, dos ornés, non rog. (*Rel. de l'époque*).

Bel exemplaire.

407. SARTINES (de). Journal des Inspecteurs de M. de Sartines, Première série, 1761-1764. *Bruxelles et Paris*, 1863. In-12, cart. dos et coins toile vert clair, n. rog. (*Carayon*).

Papier chamois.

408. SATYRE MÉNIPPÉE de la vertu du Catholicon d'Espagne, etc... *Paris, Delangle*, 1824. 2 vol., in-8, front. et fig. de Devéria gr. par Adam, A. et T. Johannot, etc..., dos et coins mar. brun foncé à longs grains, dos orné, fil., tr. dor., n. rog. (*rel. de Champs dans le goût de l'époque*).

Grand papier vélin. Frontispice et 5 figures reproduites ou imitées de celles des premières éditions en double état : avant la lettre, sig. à la pointe et avec la lettre sur Chine monté et 3 figures nouvelles pour la « Harangue de Monsieur d'Aubray » ; en triple état : eau-forte pure, avant la lettre, signature à la pointe et avec la lettre sur Chine monté.
En tout : 21 planches.

409. SAULIÈRE (Auguste). Les solutions conjugales. *Paris, Librairie de l'Eau-forte*, 1876. Fig. de Henry Somm. In-8, dos et coins mar. citron, n. rog. (*Champs*).

Édition originale. Figures avant la lettre, sig. à la pointe sur Japon. Couvertures des livraisons conservées.

410. SAUTREAU DE MARSY ET NOEL. Nouveau siècle de Louis XIV. *Londres*, 1793. 4 vol., in-8, demi-rel. veau fauve, tr. jasp. n. rog. (*G. Oginski*).

411. SCARRON. Œuvres. D'après l'édition de 1663. *Paris, Arnaud et Labat*, 1877. Port. gr. par Champollion. 2 tom. en un vol. in-8, dos et coins mar. rouge, dos orné mosaïque milieux et fleur. de mar. citron, t. dor., non rog. (*Champs*).

Grand papier Whatman, n° 8.

412. SCARRON. Le Roman comique. *Paris, Lemerre*, 1880. 2 vol. in-18, br..

Papier Whatman, n° 12. Frontispice de H. Pille en double épreuve: avant la lettre, noir et bistre.

413. SEDAINE. Œuvres choisies. Édition stéréotype. *Paris, Didot*, 1813. 3 vol. in-12, dem.-rel. mar. citron, dos ornés, n. rog. (*Simier, relieur du Roi*).

Grand papier vélin.

414. SÉVIGNÉ (Madame de). Lettres à sa fille et à ses amis. Nouvelle édition par Ph. A. Grouvelle. *Paris, Bossange*, 1806. 8 vol. in-8, port. gr. par Roger d'après Chasselat, fac-simile, dem.-reliure percal., fil., n. rog. (*Champs*).

Papier vélin.

Portraits avant la lettre, tablette grise, signature à la pointe.

On y a ajouté les 20 portraits gravés par Saint-Aubin et Delvaux, publiés par Renouard.

415. SEVIGNÉ (Mad. de). Lettres de Madame de Sévigné, de sa famille et de ses amis. *J. J. Blaise*, 1818. Port. vues et fac-simile. 10 vol. — COULANGES (de). Mémoires, suivis de lettres inédites de Madame de Sévigné, etc... *J. J. Blaise*, 1820. Port., fig. et fac-simile. 1 vol.. Ensemble: 11 vol. in-8, cart. dem. percal. fant., pièces de t. noires, fil., n. rog. (*Anc. cart.*)

Papier vélin. Deux suppléments à la fin du tome XI :

1° Lettre écrite par Madame de Sévigné à Madame de Grignan, etc... J.-J. Blaise, 1826, in-8.

2° Lettres inédites de Madame de Sévigné, etc... J.-J. Blaise, 1827. Port., vues et fac-simile, in-8. Également sur papier vélin qui complètent l'édition et la « Lettre de Madame de Grignan au comte de Grignan son mari. *Imprimerie de Firmin Didot frères*, décembre 1832. » In-8, papier vélin, n° 7.

Portraits et vues avec la lettre au trait (3e état), sauf 3 port. qui ont la lettre au double trait (4e état) et 3 vues qui ont la lettre blanche

(4e état). Les 2 éventails en double état : avec la lettre au trait et avec la lettre grise (5e état). Planches d'armoiries en double épreuve, noire et coloriée. Figures ajoutées : 1° Suite complémentaire : « Collection de 20 portraits du siècle de Louis XIV, avec des notices sur la vie des personnages qu'ils représentent », publiée pour cette édition. Epreuves avec la lettre au trait. Les notices sur papier vélin à la fin de chaque volume.

2° Trois états de la « Vue du salon de Fresnes, » tome I, p. 116, avant toute lettre (2e état), lettre blanche (4e état) et lettre grise (5e état).

En tout, 33 portraits, 15 vues (dont une en quadruple état), 2 fig. (double état), une planche d'armoiries (double épreuve) et une planche de médailles, soit 58 pièces et 13 fac-simile. Ex-libris : G. Chartener.

416. SÉVIGNÉ (Madame de). Lettres de Marie de Rabutin-Chantal, marquise de Sévigné, à sa fille et à ses amis. *Paris, Techener*, 1861. 11 vol. in-8, portr. gr. par J. Jacquemart, dem.-rel. mar. lavallière, dos ornés à pet. fers, tr. dor., n. rog. (*Thivet*).

Papier de Hollande. Avec la dédicace de M. Silvestre de Sacy à l'Impératrice. Portraits en double état : avant et avec l'encadrement.
Figures ajoutées : 1° 1 portrait et 17 vig. de Foulquier sur Chine.
2° Portrait de Mme de Sévigné, gr. par Dequevauviller d'après Laguiche, avant la lettre, sig. à la pointe.
3° Portrait dirigé par Tardieu, gr. par Roger, avec la lettre grise.
4° Portrait gr. par Mottet d'après Desenne, avant la lettre, sig. à la pointe.
5° Portrait de Mme de Grignan gr. par Dequevauviller d'après Laguiche, avant la lettre, sig. à la pointe.
6° Portrait gravé par Allais d'après Mme Colin sur Chine monté.
7° Portrait de l'impératrice Eugénie, gr. par Pauquet d'après Nieuwerkerke, avant la lettre, sig. à la pointe sur Chine monté.
8° d° gr. par Pauquet d'après Mme Lefèvre-Deumier, avant la lettre, sig. à la pointe sur Chine monté.

417. SÉVIGNÉ (Mad.). Lettres inédites publiées pour la première fois, annotées et précédées d'une introduction par Charles Capnas. *Paris, Hachette et Cie*, 1876. 2 vol. gr. in-8, dos et coins chag. poli, bleu foncé, dos ornés, t. dor., n. rog. (*Champs*).

Grand papier vélin.
Avec les 4 portraits publiés dans l'album de l'édition des « Grands Ecrivains ».

418. SHAKESPEARE. Œuvres complètes, traduites par François-Victor Hugo. *Paris, Pagnerre*, 1859-1866. 18 vol. in-8, vélin blanc à recouv., titres calligraphiés en couleurs, t. dor., n. rog. (*Gayler-Hirou*).

Papier de Hollande.
Figures ajoutées : 1° 1 port. et 73 fig. de l'édition Kearsley (Londres, 1806), avec la lettre blanche, sur blanc.

2° 37 fig. de Thurston, gr. par Rhodes, avec la lettre blanche, sur blanc.

3° Port. de Shakespeare gr. par Hopwood, avant la lettre sur chine monté.

4° Port. gr. par Massol, avant la lettre sur chine, monté.

5° Port. gr. par Edward Smith, avant la lettre sur blanc.

En tout : 4 Port. et 110 fig.

Ex-libris : Jules Janin et note autographe du même au bas du titre d'Hamlet, (tome 1er, p. 71).

419. SIMOND (L.). Voyage en Italie et en Sicile. Deuxième édition. *Paris, A. Sautelet et Cie*, 1828. 2 vol. in-8, fig. gr. par Morizot, dem.-veau fauve, fil., n. rog.

420. SINISTRARI. De la Démonialité, ouvrage inédit publié d'après le manuscrit original, et traduit du latin par Isidore Liseux. *Paris, Liseux*, 1875. In-8, dem.-rel. mar. violet, larg. mors., t. dor., n. rog. (*Champs*).

Envoi autographe du traducteur.

421. SOLVET (P.-L.). Études sur La Fontaine. *Paris, Grabit*, 1812. In-8, front., dos et coins mar. brun, dos orné, t. dor., n. rog. (*Ottmann-Duplanil*).

422. SOREL (Charles). La vraie histoire comique de Francion. *Paris, Delahays*, 1858. In-18, front., dem.-mar. brun, t. dor., n. rog. (*Champs*).

Grand papier vélin fort. — Frontispice sur Chine monté. Exemplaire lavé et encollé.

423. SPANHEIM (Ezéchiel). Relation de la Cour de France. *Paris*, 1882. In-8, br.

Publié par la « Société de l'Histoire de France ».

424. SPIRE BLONDEL. L'Art intime et le Goût en France. *Paris, Rouveyre*, 1884. In-4 front., et vig., dos et coins mar. rouge, dos orné, t. dor., n. rog. (*Champs*).

Grand papier vergé : n° 65. — Planches hors texte en double état : avant et avec la lettre.

425. STAAL (Madame de). Œuvres. *Paris, Renouard*, 1821. 2 vol. gr. in-8. Port. gr. par Robinson, d'après Mignard, dos et coins mar. brun, dos ornés, t. dor., n. rog. (*Hering et Muller*).

Grand papier vélin. — Portrait en double état : avant et avec la lettre, sur Chine monté. Portrait de Chaulieu, gr. par Jehotte d'après Devéria, avant la lettre, sur Chine monté, ajouté.

426. STEENACKERS (F.-F.) Les Télégraphes et les Postes pendant la guerre de 1870-71. *Paris, G. Charpentier*, 1883. In-18, br.

Papier de Hollande : n° 49.

427. STENDHAL. Journal (1801-1814). *Paris, Charpentier et Cie*, 1888. In-18, port., cart., dos et coins toile brune, n. rog. (*Carayon*).

Papier de Hollande : n° 23. — Édition originale.
Couverture.

428. SURVILLE (Clodilde de). Poésies, nouvelle édition publiée par Ch. Vanderbourg. *Paris, Nepveu*, 1824. Front. et vig. de Debret, fig. de Colin. — Poésies inédites, publiées par MM. de Ronjoux et Ch. Nodier. *Paris, Nepveu*, 1827, Fig. et vig. de Colin. Ensemble : 2 vol. in-8, dem.-rel. mar rouge à longs grains, dos ornés, n. rog. (*Hering*).

Grand papier vélin. — Frontispice en double épreuve : noir sur Chine monté et colorié. — Figures en triple état (tome I) : avant l'encadrement, avant la lettre sur Chine, monté et avec la lettre, coloriées — Figures en double épreuve (tome II) : avant la lettre sur Chine monté et avant la lettre coloriées. — Tirage hors texte des vignettes en double épreuve : noir sur Chine monté, et coloriées.

429. TABARIN. Œuvres, avec aventures du Capitaine Rodomont, etc... *Paris, Garnier frères*, 1878. In-18, cart., dos et coins toile vert clair, n. rog. (*Carayon*).

Papier de Hollande, n° 10.

430. TABOUROT. Les Bigarrures du Seigneur des Accords. *Bruxelles, A. Mertens et fils*, 1866. 3 vol., in-12, dem.-rel. lavallière foncé, dos ornés, t. dor., n. rog. (*Canape-Belz*).

Imprimé à cent exemplaires, tous sur papier de Hollande (n° 22).

431. TABOUROT. Les Touches du Seigneur des Accords. *Bruxelles, Mertens et fils*, 1863. 2 vol. in-12, dem.-rel. mar. brun, dos ornés, t. dor., n. rog. (*Canape-Belz*).

Imp. à cent exemplaires.

432. TAGEREAU (Vincent). Discours sur l'Impuissance de l'homme et de la femme. *Paris, Liseux*, 1887. In-16, dos et coins vélin blanc, n. rog. (*Carayon*).

433. TALLEMANT DES RÉAUX. Les Historiettes, entièrement revues sur le manuscrit original et disposées dans un nouvel ordre par de Momnerqué et Paulin Paris. Troisième édition. *Paris, Techener*, 1854-1860. 9 vol. gr. in-8, br.

Grand papier vergé.

Avec un carton supplémentaire pour le tome VII : « Contes d'Italiens sodomites », p. 387-90.
Seule édition complète.

434. TANSILLO. Il Vendemmiatore e la Priapeia di Niccolo Franco. *A Pe-King, regnante Kien-long, nel XVIII secolo.* In-12, cart. bradel, n. rog.

435. TREIZE SONNETS (Les) ...... *Domremy-la-Pucelle.* In-8, dos et coins mar. orange, n. rog. (*Carayon*).

Impression bicolore, filet d'encadrement en rouge.

436. TURPIN DE CRISSÉ. Souvenirs du golfe de Naples, 1828. In-folio, titre gr., fig., vig. et cartes, mar. bleu foncé à longs grains, dos orné, fil., larg. encad. sur les plats, dent. et filets pleins et point., dent. int., t. dor. (*Rel. de l'époque*).

Papier vélin fort. Figures avec la lettre grise. On peut encore lire au bas du titre cet envoi au crayon, bien qu'effacé : « Offert par l'auteur à Monsieur Tulon, 1833. » Probablement le célèbre flûtiste de ce nom.
Reliure de toute fraîcheur.

437. TYR (Guillaume de). Guillaume de Tyr et ses continuateurs. Texte français du XIIIe siècle, revu et annoté par Paulin Paris. *Paris, Didot,* 1879-1880. Vig. et cartes, 2 vol. gr. in-8, dos et coins mar. bleu foncé, t. dor., n. rog. (*Champs*).

Grand papier à la forme, n° 24.

438. UZANNE (O.). Petits Conteurs du XVIIIe siècle. *Paris, Quantin,* 1878-1883. 12 vol. in-8, port., vig. et fac-simile, dem.-vélin blanc, n. rog. (*Carayon*).

Papier Whatman bleuté.
Portraits en double état ; avant la lettre, sig, à la pointe, sanguine sur Japon et avec la lettre. — Vignettes en double épreuve, sanguine sur Japon et noir.
Avec les suites d'eaux-fortes en double état; avant la lettre, sig. à la pointe, sanguine sur Japon et avec la lettre.
Couvertures conservées.

439. UZANNE (O). Documents sur les mœurs du XVIIIe siècle, *Paris, Quantin,* 1879-1883. 4 vol. gr. in-8, front. en coul. et vig. br.

Chronique scandaleuse. — Anecdotes sur Mad. du Barry. — Gazette de Cythère. — Les mœurs secrètes du XVIIIe siècle.

440. UZANNE (O). Nos amis les livres. *Paris, Quantin,* 1886. In-16. pap. vergé, br.

441. UZANNE (O.). Les Zigzags d'un curieux. *Paris, Quantin*, 1888 ; in-16, papier vergé, br.

442. VALFONS (Marquis de). Souvenirs, 1710-1786. *Paris, Dentu*. 1860. In-18, dos et coins mar. bleu, dos orné, t. dor., n. rog. (*Canape*).

Papier vélin fort.

443. VAST-RICOUARD. Pour ces dames ! *Paris, Marpon et E. Flammarion*, 1882. In-18, front. et vig. de Kauffmann, cart., dos et coins toile bleue, n. rog. (*Carayon*).

Papier de Hollande. — Frontispice avant la lettre, sur Chine. Couverture illustrée.

444. VATEL (Charles). Histoire de Madame Du Barry. *Versailles, L. Bernard*, 1883. 3 vol. in-18, port., fig. et fac-simile, cart., papier cuir japonais, n. rog. (*Carayon*).

Papier de Hollande, n° 12.

Portraits et fig. en double épreuve, noir et bistre.

Portraits de Madame du Barry, gr. par Nargeot, d'après Gaucher, et par Leguay, d'après Drouais, avant toute lettre, ajoutés.

445. VAUDREUIL (le comte P. de). Promenade de Paris à Bagnères-de-Luchon. *Paris, Adrien Egron*, 1820. 1 vol. — Promenade de Bagnères-de-Luchon à Paris. *Paris, Adrien Egron*, 1820-21. 2 vol. — Ensemble : 3 vol. in-8, dem.-toile gris foncé, n. rog.

Editions originales.

Ouvrage écrit à une époque où le fait d'entreprendre à pied un aussi long trajet ne passait pas encore pour un tour de force. Parti le 15 mai le comte de Vaudreuil avait terminé son voyage circulaire et rentrait à Paris à la fin de novembre. « Heureux, dit-il dans une de ses lettres, celui qui va à pied ! s'il tombe ce n'est jamais de bien haut. »

446. VAUQUELIN (Jean), sieur de la Fresnaie. Les diverses poésies. *Caen, Le Blanc-Hardel*, 1869-1870. 2 vol. — Œuvres diverses en prose et en vers. *Caen, Le Blanc-Hardel*, 1872. Port. gr. par de Merval, 1 vol. — Ensemble : 3 vol. gr. in-8, dos et coins mar. lavallière, t. dor., n. rog. (*David*).

Grand papier de Hollande.

447. VEILLÉES (Les) du Tasse, avec le texte italien en regard, traduites par M. B. Barère. *Paris, Crapelet*, an XIII, 1804. In-8, fig. de Myris gr. par Baquoy, d'Elvaux et Saint-Aubin, dem.-rel., mar. rouge, dos orné, n. rog. (*Rel. de l'époque*).

Grand papier vélin. — Figures avant la lettre.

448. VERGIER. Œuvres. *A Londres*, 1780. 3 vol. in-18, port., dos et coins veau fauve, t. dor., n. rog. (*Petit, succr de Simier*).

Grand papier vergé.
Ex-libris Asselineau.

449. VERVILLE (Béroalde de). Le Moyen de parvenir. Nouvelle édition. *Paris, Garnier*, 1878. In-18, cart., dos et coins toile vert clair, n. rog. (*Carayon*).

Papier de Hollande : n° 9.

450. VIE (La) élégante. *Paris, à la Librairie illustrée*, 1882-83. 2 vol. gr. in-8. Front. de Rops, fig. et vig. de Mars, E. Morin, Robida, etc..., dos et coins mar. bleu ardoise, dos orné pointillé, sujets de milieux, t. dor., n. rog. (*Champs*).

Papier de Hollande. — Double suite des figures, sur Hollande et sur papier vélin.

451. VIGNY (Alfred de). Œuvres complètes. *Paris, Alphonse Lemerre*, 1883-85. 8 vol. in-18, port., dos et coins mar. bleu foncé, dos ornés, t. dor., n. rog. (*Canape-Belz*).

Papier de Hollande, n° 19. Portrait en double épreuve : noir et bistre avant toute lettre.

452. VILLARS (Madame de). Lettres à Madame de Coulanges (1679-1681). Nouvelle édition. *Paris, Plon*, 1868. In-8. Fac-simile. Dos et coins mar. brun, t. dor., n. rog. (*Galette*).

Papier de Hollande, n° 8.
Exemplaire offert à Sainte-Beuve de la part de l'éditeur M. de Courtois par E. Miller avec la lettre d'envoi de ce dernier en date du 7 décembre 1868. En voici un curieux passage : « ...La citation où il fait p... une dame, choquera quelques-unes de nos prudes. Elles ne veulent pas qu'on sache et surtout qu'on dise ces choses-là. »

453. VILLEHARDOUIN (Geoffroi de). Conquête de Constantinople, avec la continuation de Henri de Valenciennes, texte original, accompagné d'une introduction de Natalis de Wailly. *Paris, Didot*, 1874. In-8, front., vig. et carte.

Grand papier à la forme : n° 96.
Avec l'analyse historique et littéraire par Marius Sepet.

454. VILLIERS DE L'ISLE-ADAM. Akédysséril. *Paris, M. de Brunhoff*, 1886. Gr. in-8, port., front. de Rops. et vig., dos et coins mar. orange, dos orné, mosaïque mar. bleu, t. dor., n. rog. (*Canape-Belz*).

Papier du Japon, n° 32. Édition originale.
Frontispice en double état (triple épreuve) : avant la lettre bleu et sanguine, et avec la lettre en noir. Tirage à part de l'en-tête et des culs-de-lampe en sanguine.

455. VILLON (François). Œuvres de maistre François Villon. *Paris, Béthune,* 1832. In-8, dos et coins veau fauve, fil., n. rog. (*Simier, relieur du Roi*).

Avec le « Supplément » p. 469-479.
Édition publiée par Prompsault.

456. VIRGILE. Œuvres. Edition polyglotte, publiée sous la direction de Monfalcon. *Paris et Lyon,* 1838. In-4, dos et coins mar. bleu foncé, dos orné en plein, fers azurés, t. dor. n. rog. (*Champs*).

Grand papier jonquille.

457. VOLTAIRE. Œuvres complètes. Edition dédiée aux amateurs de l'art typographique. *Paris, Didot,* 1827-29. 4 vol. in-8, dos et coins mar. rouge à gr. l., dos ornés, fil., larg. nerfs, t. dor., n. rog. (*Rel. de Ruban dans le goût de l'époque*).

Portraits de Voltaire ajoutés : 1° dans un cadre orné, sans lettre ;
2° de profil à g. médaillon gr. par Saint-Aubin, tablette blanche avec la lettre blanche. ;
3° de profil à dr. médaillon, gr. par Saint-Aubin, avec la lettre grise ;
4° gr. par Tardieu d'après Houdan, avec la lettre grise.
Bel exemplaire lavé et encollé.

458. VOLTAIRE. La Pucelle d'Orléans. Nouvelle édition avec toutes les variantes, etc.... *Paris, Garnier frères,* 1881. In-18, cart., dos et coins toile bleue, n. rog. (*Carayon*).

Papier de Hollande, n° 3.
Figures ajoutées. Suite de Duplessis-Bertaux, épreuves en sanguine sur chine. (Tirage moderne).

459. VOYAGE d'une ignorante dans le Midi de la France et l'Italie, par Boissier (Valérie, comtesse de Gasparin). *Paris, Paulin,* 1835 ; 2 tom. en un vol. in-8, dos et coins veau fauve, dos ornés, n. rog. (*Rel. de Champs dans le goût de l'époque*).

Édition originale.
Couvertures conservées.

460. WALCKENAER. Histoire de la vie et des ouvrages de J. de La Fontaine. *Paris, Nepveu,* 1820. Gr. in-8, port. gr. par Pauquet d'après Le Brun, dem.-rel. mar. bleu foncé, fil., n. rog. (*Hering*).

Grand papier vélin. Édition originale. — Portrait en double état : avant toute lettre et avec la lettre au trait.
Portraits et figures ajoutés : 1° La Fontaine, gr. par F... d'après Frilley, avant la lettre, sig. à la pointe sur chine monté.

2° Port. gr. par Dequevauviller, épreuve avec la tablette blanche et la lettre blanche, sur chine monté.

3° Mme de La Sablière gr. par Tony Johannot d'après Colin, avant la lettre, sig. à la pointe sur chine monté.

4° La Fontaine et Mme de La Sablière, gr. par Géraut d'après Devéria, avant la lettre, sig. à la pointe sur chine monté.

5° Maison de La Fontaine, dess. par Guenépin, gr. par Lemaître.

461. WALCKENAER. Histoire de la vie et des ouvrages de J. de La Fontaine. Troisième édition, corrigée, augmentée et ornée de gravures. *Paris, Nepveu*, 1824. In-8, port., fig. et fac-simile, dem.-mar. rouge, dos orné, t. dor., n. rog.

Grand papier vélin. Portrait de La Fontaine, gr. par Pauquet, en double état : eau-forte pure avec remarque, sig. à la pointe et avant toute lettre, sur Chine monté.

Portrait de Mme de la Sablière, gr. par Tony Johannot, d'après Colin, double épreuve avec la lettre blanche, sig. à la pointe, sur blanc et sur Chine monté ; maison de La Fontaine, dess. par Guenépin, gr. par Lemaître, en double état (triple épreuve) ; eau-forte pure et avec la lettre blanche sur blanc et sur Chine monté.

462. WALCKENAER. Histoire de la vie et des poésies d'Horace. *Paris, L. Michaud*, 1840. 2 vol. in-8, port. gr. sur acier par Pfitzer et carte, veau fauve, fil. (*Bruyère*).

Exempl. Yéméniz.

463. WECKERLIN (J.-B.) L'ancienne chanson populaire en France (XVIe et XVIIe siècles). *Paris, Garnier frères*, 1887. In-12, chromotyp. et airs notés, cart., étoffe fantaisie, n. rog. (*Carayon*).

Papier de Hollande, n° 20. Chromotypographies sur Japon.

464. WETZEL (J.) Voyage pittoresque au lac des Waldstettes ou des IV Cantons. *Zurich, Orell Fussli*, 1820. In-folio, fig. en couleurs, gr. par F. Hegi, dos et coins mar. bleu foncé, dos long orné, n. rog. (*Simier relieur du Roi*).

465. ZOLA (E.). L'Assommoir. *Paris, Charpentier*, 1877. In-18, d.-rel. mar. rouge, non rog.

Papier de Hollande. Édition originale rare. Couverture.

466. ZOLA (Émile). Nana. *Paris, Charpentier*, 1880. In-18, cart., dos et coins toile r., n. rog. (*Carayon*).

Papier de Hollande. — Edition originale. Couverture.

467. ZOLA (E.) Pot-Bouille. *Paris, Charpentier*, 1882. In-18, cart., dos et c. toile r., n. r. (*Carayon*).

Papier de Hollande. Edition originale. Couverture.

468. ZOLA (E.) Au Bonheur des dames. *Paris, G. Charpentier*, 1883. In-12, cart., dos et c. toile r., n. r. (*Carayon*).

Papier de Hollande. Édition originale.

Portrait gr. par E. de Liphart et fac-simile du manuscrit sur papier du Japon, ajoutés. Couverture.

469. ZOLA (E.) La joie de vivre. *Paris, G. Charpentier*, 1884. In-18, cart., dos et c. toile r., n. rog. (*Carayon*).

Papier de Hollande, n° 32. Édition originale.
Couverture.

470. ZOLA (E.) Germinal. *Paris, G. Charpentier et Cie*, 1885. In-18, cart., dos et c., toile r., n. rog. (*Carayon*).

Papier de Hollande, n° 83. Édition originale.
Couverture.

471. ZOLA (E.) L'Œuvre. *Paris, G. Charpentier et Cie*, 1886. In-18, cart., dos et c. toile r., n. r. (*Carayon*).

Papier de Hollande, n° 43. Édition originale.
Couverture.

472. ZOLA (E.) La Terre. *Paris, G. Charpentier*, 1887. In-18, cart., dos et c. toile r., n. rog. (*Carayon*).

Papier de Hollande, n° 166. Édition originale.
Couverture.

473. ZOLA (E.) Le Rêve. *Paris, G Charpentier*, 1888. In-18, cart., dos et c. toile r., n. r. (*Carayon*).

Papier de Hollande, n° 2. Édition originale.
Couverture.

474. ZOLA (E.) La Bête humaine. *Paris, G. Charpentier et Cie*, 1890. In-18, cart., dos et c. toile r., n. rog. (*Carayon*).

Papier de Hollande, n° 57 Edition originale.
Couverture.

475. ZOLA (E.) L'Argent. *Paris, Bibliothèque Charpentier*, 1891. In-18, cart., dos et c. toile r., n. rog. (*Carayon*).

Papier de Hollande, n° 45. Edition originale.
Couverture.

476. ZOLA (E.) La Débâcle. *Paris, Bibliothèque Charpentier*, 1892. In-18, cart., dos et c. toile roug., n. r. (*Carayon*).

Papier de Hollande, n° 304. Edition originale.
Couverture.

477. ZOLA (E.) Théâtre. *Paris, G. Charpentier*, 1888. In-18, cart., dos et c. toile roug., n. rog. (*Carayon*).

Papier de Hollande, n° 54. Edition originale collective.
Couverture.

478. ZOLA (E.) Le Vœu d'une morte. Nouvelle édition. *Paris, G. Charpentier*, 1889. In-18, cart., dos et coins toile r., non rog. (*Carayon*).

Papier de Hollande, n° 84.
Couverture.

SUPPLÉMENT

479. AMOURS et Voyages. *Paris, chez les bons libraires*, 1889. In-8, br.

Texte encadré d'un filet rouge.

480. AUCASSIN ET NICOLETTE. Chantefable du douzième siècle, traduite par A. Bida. Révision du texte original et préface par Gaston Paris, *Paris, Hachette et Cie*, 1878. In-8, br.

Un des 100 exemplaires tirés sur papier de Chine.

481. BALZAC (H. de). Le père Goriot, scènes de la vie parisienne. Dix compositions par Lynch, gravées à l'eau-forte par E. Abot. *Collection Calmann Lévy, A. Quantin*, 1885. In-4, br.

Un des cent exemplaires tirés sur papier du Japon.

482. BANVILLE (de). Odes funanbulesques. *Alençon, Poulet-Malassis*, 1857, In-12, dos et c. de cuir de R., tête dor., non rog.

Édition originale, frontispice de Bracquemond.

483. BAPST (Germain). Histoire des joyaux de la Couronne de France. *Paris, Hachette*, 1889. 1 tome en 2 vol. gr. in-8, br.

Un des exemplaires tirés en grand papier pour les membres de la Société des Bibliophiles français.

484. BERGERAT (Émile). L'Espagnole. Illustrations de Daniel Vierge, gravées sur bois par Cl. Bellanger. *Paris, Conquet*, 1891, in-12 br. (*Couvert. illustrée*).

485. CAMPARDON (Émile). Documents inédits sur J.-B. Poquelin Molière. *Paris, Plon*, 1871. In-18 br.

Papier de Hollande, n° 18.

486. CLARETIE (Jules). Bouddha. Illustations par Robaudi. *Paris, Conquet*, 1888. In-16, pap. vergé du Marais, br. (*Couverture*).

487. CLARETIE (J.) La Canne de M. Michelet, promenades et souvenirs. Préface par Alfred Mézières, de l'Académie française. 12 compositions de P. Jazet, gravées à l'eau-forte par H. Toussaint. *Paris, Conquet,* 1886. Pet. in-8, br.

L'un des 150 exemplaires tirés sur papier du Japon, planches et portrait avant et avec la lettre.

488, CONFESSIONS DE SAINT-AUGUSTIN (Les). Traduction nouvelle avec introduction, par Edmond Saint-Raymond, illustrées de huit eaux-fortes, composées et gravées par Ad. Lalauze. *Paris, G. Hurtrel, s. d.*; in-8, br,

Papier de Chine, nº 32.

489. DELVAU. Les Heures parisiennes. *Paris,* 1866. In-12, cart., dos et c. de maroq. rouge, non rog. (*Champs*).

26 eaux-fortes d'Émile Benassit, la planche de minuit est en deux états. Couverture.

490. **DIDEROT**. Jacques le fataliste et son maître. Douze dessins de Maurice Leloir, gravées à l'eau-forte par Courtry, de Los Rios, Mongin, Teyssonnières. *Paris, imprimé pour les amis des livres,* 1884. Grand in-8, br.

Tiré à 138 exemplaires. Exemplaire de souscripteur sur Japon, avec les eaux-fortes en trois états.

491. DUSÉJOUR (Mlle Dionis). L'origine des grâces. Poëme, illustrations de Cochin. *Paris, Lemonnyer,* 1883. In-8, maroq. Lavall., fil., dos orné, dent. int., tr. dor. (*Rousselle*).

L'un des 250 exemplaires sur papier du Japon. Titre imprimé sur satin.

492. DUVAUX (Lazare) (Livre-Journal de), marchand-bijoutier ordinaire du Roy, 1748-1758, précédé d'une étude sur le goût et sur le commerce des objets d'art au milieu du XVIIIe siècle. *Paris, pour la Société des Bibliophiles françois,* 1873. 2 vol. pet. in-4, papier de Holl., br.

L'un des 30 exemplaires sur grand papier de Hollande, tirés pour les membres de la Société des Bibliophiles français.

493. FLAUBERT (Gustave). Madame Bovary, mœurs de Province. *Paris, Michel Lévy frères,* 1857. 2 t. en 1 vol. in-12, maroq. lavall. foncé, compart. de fil., fleurons, dos orné, dent. (*Canape-Belz*).

Édition originale, exemplaire relié sur brochure auquel on a ajouté la suite des eaux-fortes de Boilvin. Couverture.

494. GEOFFROY. Napoléon apocryphe. Histoire de la Conquête du monde et de la monarchie universelle, 1812-1832. *Paris*, *Paulin*, 1841. In-8, chag. viol., 8 rangs de fil., dos orné, dent. int., tr. dor. (*Lardière*).

Exemplaire imprimé sur papier vélin, provenant de la bibliothèque du Palais-Royal.

495. GEMMES ET JOYAUX (Les) de la Couronne au musée du Louvre, expliqués par M. Barbet de Jouy, membre de l'Institut. 60 planches dessinées et gravées à l'eau-forte par J. Jacquemart; introduction par M. Al. Darcel, directeur du musée de Cluny. *Paris*, 1886. 2 part. en 1 vol. in-folio, dos et coins de maroq. Lavall., tête dorée, tr. n. rog.

Très belle publication tirée à petit nombre.

496. HALÉVY (Ludovic). Princesse. Un grand mariage. Les trois coups de foudre. Mon camarade Mussard. *Paris*, *Calmann Lévy*, 1887. In-12, dos et c. de mar. vert, fil., dos orné, mosaïque, tête dor., non rog. (*Champs*).

Édition originale, l'un des 75 exemplaires tirés sur papier de Hollande. Couverture.

497. HAMILTON (Ant.) Mémoires du comte de Grammont. Un portrait de A. Hamilton, et trente-trois compositions de C. Delort, gravés au burin et à l'eau-forte, par L. Boisson. Préface de H. Gausseron. *Paris*, *L. Conquet*, 1888. In-8, br.

L'un des 200 exemplaires sur grand papier vélin du Marais.

498. HUGO (Victor). Œuvres, tome v, les Chants du crépuscule. *Paris*, *Renduel*, 1835. In-8, maroq. rouge, tr. dor. (*Cuzin*).

Bel exemplaire de l'édition originale, portrait ajouté.

499. HUGO (Victor). Œuvres, tome vi. Les voix intérieures. *Paris*, *Renduel*, 1837. In-8, maroq. rouge, tr. dor. (*Cuzin*).

Bel exemplaire de l'édition originale, portrait ajouté.

500. HUGO (V.) Les Burgraves, trilogie. *Paris*, *Michaud*, 1843. In-8, dos et c. de maroq. vert, fil., dos long orné, tête dor., non rog. (*Champs*).

Édition originale. Couverture.

501. HUGO (V.) La Légende des siècles. *Paris*, *Michel Lévy fr.*, 1859. 2 vol. in-8, cuir de Russie quadrill., dent. int., tête dor., non rog., couvertures. (*Pagnant*).

Édition originale.

502. HUGO (V.) La Légende des siècles. Nouvelle série. *Paris, Calmann Lévy*, 1877-83. 5 tomes en 1 vol. gr. in-8, dos et coins de maroq. vert, fil., dos ornés, tête dor., non rog. (*Champs*).

Bel exemplaire sur papier de Hollande. Couvertures.

503. **HUGO** (Victor). Les Orientales. Illustrées de huit compositions de MM. Gérôme et Benjamin Constant gravées à l'eau-forte par M. de Los-Rios. *Paris, imprimé pour les amis du livre*, 1882. Gr. in-4 br.

Tiré à 135 exemplaires sur papier du Japon (n° 86).

504. JULLIEN (Adolphe). Les Spectateurs sur le Théâtre. *A. Detaille*, 1875. Fig. gr. par Champollion d'après Coypel et plan. — Le Théâtre des demoiselles de Verrières. *A. Detaille*, 1875. — Les Grandes Nuits de Sceaux. *J. Baur*, 1876. Brochure in-8. Ensemble : 2 brochures in-8, papier de Hollande. — Un Potentat musical. *A. Detaille*, 1876. — L'Église et l'Opéra en 1735. *A. Detaille*, 1877.

Ensemble : 2 brochures in-8. Papier vergé.

505. LONGUS. Daphnis et Chloé. Compositions de Raphaël Collin, gravées à l'eau-forte par Champollion, préface de J. Claretie. *Paris, Launette*, 1890. In-8 br., emboitage de satin rose.

L'un des 50 exemplaires sur papier à la cuve, tirés pour M. Ferroud (n° 34), avec la suite des douze planches hors texte en double état et la suite des vingt-neuf vignettes dans le texte tirées à part.

506. MARGUERITE DE NAVARRE. Les Marguerites de la Marguerite des princesses, texte de l'édition de 1547, publié avec introduction, notes et glossaire par Félix Frank et accompagné de la reproduction des gravures s. bois de l'original et d'un portrait. *Paris, Jouaust*, 1873. 4 vol. pet. in-8, maroq. vert, fil. marguerites, dor. aux coins, dos fleurdelisés, tr. dor. (*David*).

Un des 120 exemplaires numérotés, tirés sur pap. vergé.

507. MÉLANGES publiés par la Société des Bibliophiles françois. *A Paris, de l'imprimerie de Firmin Didot*, 1822-1834. 6 vol. gr. in-8 pap. vél., d.-rel., maroq. r., non rog.

Cette colleetion a été tirée à un très petit nombre d'exemplaires destinés aux seuls membres de la Société. Elle se compose ainsi : tome Ier, 1820 ; tome II, 1822-24 ; tome III, 1825 ; tome IV, 1826 ; tome V, 1827 ; tome VI, 1829. Il n'y a eu que 26 exemplaires du premier volume, 28 du second, et 30 de chacun des autres. A la fin du 6e volume on lit : *Fin du 6e et dernier volume des mélanges*, etc. On trouve dans le Manuel du libraire la table du contenu des six volumes. Nous ne possédons pas le 1er volume publié en 1820; mais nous avons un 7e volume composé de pièces publiées de 1831 à 1834, et tirées également à petit nombre, savoir : *Le Mystère de Saint-Christophe;* deux lettres de Mme Cottin ; lettres du maréchal de Saxe ; lettres du prince d'Orange surnommé le Taciturne ; deux lettres du cardinal Fleury ; huit lettres de Fénelon au cardinal Quirini ; li Jus Saint-Nicolas. par Jean Bodel (et deux autres pièces sur la vie de saint Nicolas).

Cet exemplaire, qui porte le no 24, était celui de M. Guillaume, de Besançon, un des membres de la Société.

508. MÉLANGES de littérature et d'histoire recueillis et publiés par la Société des bibliophiles françois. *Paris, Crapelet,* 1850. In-8, dem.-rel., dos mar. rouge, dos orné. (*Lortic*).

Un des 30 ex. sur grand papier de Hollande, celui-ci a été imprimé pour la bibliothèque du baron Ernouf.

509. MÉRIMÉE (Prosper). Colomba. *Paris, Magen et Comon,* 1841, In-8, pl., maroq. rouge, six rangées de filets sur les plats, le dos et l'intérieur du vol., tr. dor., ébarb. (*Chambolle-Duru*).

Édition originale, rare. Superbe exemplaire de la plus grande fraicheur relié sur brochure. Couverture.

510. MOREAU (Hégésippe). Le myosotis, petits contes et petits vers. *Paris, Desessart,* 1838. Gr. in-8, d.-rel. mar. vert, tête dor.

Édition originale, rare.
Bel exemplaire très grand de marges.

511. MORLAQUES (Les), par J. W. C. D. U. R. (J. Wynne, comtesse des Ursins et Rosemberg). *Venise,* 1788. In-8, cuir de Russie, comp. de fil., dos orné, dent. int., tr. dor. (*Bauzonnet*).

Exemplaire du Prince d'Essling et de Charles Nodier avec une longue note de ce dernier sur le feuillet de garde. Livre fort rare tiré à petit nombre ; c'est un tableau très vrai des mœurs les plus originales de l'Europe, celles des *Morlaques.*

La dédicace à Catherine II porte le nom de l'auteur, particularité très rare. Excellente reliure de Bauzonnet.

512. MUSSET (A. de). Nouvelles. Les deux maîtresses. Emmeline. Le fils du Titien. Frédéric et Bernerette. Pierre et Camille. Nouvelle édition illustrée de 1 portrait gravé par Burney, d'après une miniature de Marie Moulin et de 15 compositions de F. Flameng et O-Cortazzo, gravées à l'eau-forte par Mordant. *Paris, Conquet,* 1887. In-8, petit pap. vélin, br.

513. PANORMITA (Antonio Beccadelli, dit). Antonii Panormitæ Hermaphroditus, primus in Germania edidit et apophoreta adjecit Frider Forbergius. *Coburgi, sumptibus Meuseliorum,* 1824.

In-8, dos et coins mar. orange, dos orné de mosaïque de mar. bleu foncé, tr. dor., n. rog. (*Champs*).

Avec 27 figures empruntées aux « Monuments de la vie privée des douze Césars » et aux « Monuments du culte secret des Dames Romaines » et 4 figures d'Eisen pour les « Contes de La Fontaine » auxquels Forberg se réfère dans son commentaire.

514. SILVESTRE (Armand). Le conte de l'Archer. Aquarelles de Poirson, gravées gar Gillot, impression chromotypographique par A. Lahure. *Paris*, *Rouveyre*, 1883. 2 vol. pet. in-8, br.

Un des 50 exemplaires numérotés de 1 à 50 (n° 30), imprimés sur pap. du Japon des manufactures impériales, avec tirage à part du trait et tirage à part des aquarelles, tous deux également sur papier du Japon et en justification.

515. STAAL (Mme de). Mémoires de Mme de Staal (Mademoiselle Delaunay). Illustrations de C. Delort. *Paris*, *Conquet*, 1861. Pet. in-8, br.

L'un des 200 exemplaires de grand choix sur papier vélin du Marais, on y a joint la suite des 41 planches de Lalauze pour l'édition de *Jouaust*, épreuves avant toute lettres sur papier vergé, in-4.

516. UCHARD (Mario). Mon oncle Barbassou. Orné de 40 compositions gravées à l'eau-forte par Paul Avril. *Paris*, *Lemonnyer*, 1884. Gr. in-8, dos et coins maroq. lavall., fil., dos orné, tête dor., non rog. (*Canape-Belz*).

Papier de Hollande, couverture.

517. VIRMOND (Loudolphe de). Récréations bibliographiques. *Paris*, *Dentu*, 1882. In-12, br.

Papier vélin fort.

Châteaudun. — Imp. J. PIGELET

www.ingramcontent.com/pod-product-compliance
Ingram Content Group UK Ltd.
Pitfield, Milton Keynes, MK11 3LW, UK
UKHW021105270726
13993UKWH00006B/1017

9 782329 532448